Latein

Grundwortschatz
nach Sachgruppen

von
Eberhard Hermes
und
Horst Meusel

Neubearbeitung von
Gunter H. Klemm

Ernst Klett Verlag
Stuttgart · Leipzig

Abkürzungsverzeichnis

Abl.	Ablativ	jdm.	jemandem
Adj.	Adjektiv	Jh.	Jahrhundert
Adv.	Adverb	Konj.	konjunktiv
Akk.	Akkusativ	m.	Maskulinum
D	Deutsch	n.	Neutrum
d. Ä.	der Ältere	n. Chr.	nach Christus
Dat.	Dativ	Nom.	Nominativ
E	Englisch	Part.	Partizip
etw.	etwas	Perf.	Perfekt
F	Französisch	Pl.	Plural
f.	Femininum	Präp.	Präposition
Gen.	Genitiv	Präs.	Präsens
griech.	griechisch	rel. Anschl.	relativer Anschluss
Ind.	Indikativ	Subst.	Substantiv
Inf.	Infinitiv	v. Chr.	vor Christus
jdn.	jemanden		

Bildquelle: akg-images (Bildarchiv Steffens), Berlin, 133

1. Auflage   5 4 3 2 1 | 18 17 16 15 14

Alle Drucke dieser Auflage sind unverändert und können im Unterricht nebeneinander verwendet werden. Die letzte Zahl bezeichnet das Jahr des Druckes.

Autoren: Eberhard Hermes und Horst Meusel, Heidelberg
Neubearbeitung: Gunter H. Klemm, Saarbrücken

Redaktion: Thomas Eilrich
Herstellung: Thomas Gremmelspacher

Gestaltung: Jens-Peter Becker, Schwäbisch Gmünd

Satz: Fotosatz Kaufmann, Stuttgart
Druck: AZ Druck und Datentechnik GmbH, Kempten/Allgäu

Printed in Germany
ISBN 978-3-12-604111-9

CD-ROM

Systemvoraussetzungen
Intel Pentium 4 mit mindestens 2,33 GHz, AMD Athlon 64 2800+ oder schnellerer Prozessor Microsoft® Windows® XP Home, Professional oder Tablet PC Edition mit Service Pack 3, Windows Server® 2003 oder 2008, Windows Vista® Home Premium, Business, Ultimate oder Enterprise (auch 64 Bit) mit Service Pack 2 oder Windows 7, 512 MB RAM (1 GB empfohlen); Mac ab Intel Core Duo 1.83; PowerPC® 1 GHz mit Mac OS X 10.4.11, 10.5.4, 10.5.5; 512 MB RAM; ca. 45 MB freier Festplattenspeicher, Farbmonitor mit 16 bit Farben, Auflösung mindestens 1024 × 768 Pixel; 8-fach CD-ROM Laufwerk; Soundkarte mit Lausprecher/Headset

Technische Umsetzung
234D Oliver Kratzer, München

Presswerk
Optimal Media GmbH, Röbel / Müritz

Vorwort

Der Mensch

1	Der menschliche Geist	8
2	Der menschliche Körper	10
3	Grundbedürfnisse des Menschen	13

Psyche und Fähigkeiten des Menschen

4	Wahrnehmen	16
5	Erfahren, Erkennen	18
6	Freude, Trauer und Schmerz	20
7	Zuneigung und Abneigung	22
8	Furcht und Hoffnung	25
9	Verknüpfen	27
10	Unterscheiden	29
11	Vergleichen	31
12	Begründen, Zugestehen, Beabsichtigen	34
13	Folgern und Annehmen	36
14	Prüfen und Bewerten	37
15	Fragen und Untersuchen	41
16	Wollen, Streben	45
17	Sprechen	47
18	Sprecher und Adressaten	53
19	Unbestimmtheit, Negation	54

Handeln

20	Handeln im Allgemeinen	57
21	Absicht, Plan, Entschluss	59
22	Anfangen und Aufhören	62
23	Erfolg und Misserfolg	64
24	Bauen, Herstellen, Gestalten	66
25	Geben und Nehmen	68

26	Unterstützen und Behindern	72
27	Beeinflussen	74
28	Bitten, Fordern, Veranlassen	77
29	Führen, Anordnen, Ordnen	78
30	Vertrauen und Vorsicht	81
31	Anstrengung und Ausdauer	84
32	Aktivitäten	86
33	Angriff und Verteidigung	91
34	Öffnen – Schließen, Zeigen – Verbergen	93
35	Kommen und Gehen	96

Mensch und Natur

36	Werden und Vergehen	98
37	Zustandsformen und Bewegungen	100
38	Arten materieller Einwirkung	102
39	Gesundheit und Krankheit	104
40	Tier- und Pflanzenwelt	105
41	Wasser	107
42	Feuer	108
43	Licht und Farbe	109
44	Himmel, Wetter	110
45	Meer, Seefahrt	111
46	Erde, Landschaft, Bodenschätze	113

Soziale Beziehungen, Gesellschaft und Staat

47	Haus und Familie	115
48	Geschlecht und Verwandtschaft	117
49	Freizeit und Muße	118
50	Normen und Werte	120
51	Negativ bewertetes Verhalten	122
52	Stadt, Land, Landwirtschaft	123
53	Transport und Verkehr	125
54	Handel und Vermögen	127

55	Haben und Nichthaben	130
56	Kunst, Literatur, Unterricht	132
57	Religion, Gottesdienst, Brauchtum	136
58	Formen von Macht und Einfluss	140
59	Staat und Staatsgefährdung	144
60	Ständische Ordnung	146
61	Politisches System	149
62	Auswärtige Beziehungen	153
63	Rechtswesen	155
64	Militärische Organisation	159
65	Kampf, Sieg und Niederlage	162
66	Gewalt und Töten	166

Raum und Zeit

67	Räumliche Begriffe	169
68	Räumliche Beziehungen	171
69	Räumliche Orientierung	174
70	Lage und Bewegung im Raum	176
71	Zeitbegriffe	180
72	Stufen und Aspekte der Zeit	182
73	Zeitbestimmungen	184
74	Zeitverhältnisse	186

Mengen, Zahlen, Maße

75	Mengenbegriffe	188
76	Zahlen	190
77	Maß und Anteil	192
78	Abstufung und Einschätzung	194

Anhang

	Elemente der Wortbildung	197
	Index	201

Vorwort

Der *Grundwortschatz nach Sachgruppen* erscheint neu in überarbeiteter Form; er basiert auf dem von den Kultusministerien empfohlenen Wortschatz. Die aktuelle Ausgabe umfasst ca. 2.000 Haupteinträge.

Völlig neu ist die **Kapitelstruktur**. Die ursprünglich den Wörtern auf der rechten Seite zugeordneten Beispielsätze und Redewendungen auf der linken Seite stehen nun eingerückt bei den jeweiligen **Haupteinträgen**. Diese Anordnung entspricht den Wünschen sowohl von Lehrerinnen und Lehrern als auch von Schülerinnen und Schülern, die hierzu befragt wurden.

Der Wortschatz ist – anders als in Wörterbüchern und Lexika – nicht alphabetisch, sondern innerhalb eines Kapitels **thematisch in kleinen Portionen** gegliedert. Diese „Portionen" sind deutlich durch rote Trennlinien (———) voneinander abgesetzt.

Neu ist die **4. Spalte**. In dieser stehen Wörter aus dem Deutschen und/oder aus den in der Regel vorher gelernten Sprachen Englisch und Französisch, die **aus dem Lateinischen entlehnt** sind bzw. durch ihre **Schreibung die Bedeutung** des lateinischen Wortes vermuten lassen. Die Bedeutung dieser Wörter hat sich im Verlauf der Jahrhunderte oft verschoben bzw. geändert. Die Lehnwörter fördern das Behalten der neu zu lernenden lateinischen Wörter und belegen, dass große Teile des Vokabulars moderner Sprachen ihre Wurzeln im Lateinischen haben, von dort aus ihre Triebe ansetzen, sich verzweigen und weiterentwickeln.

In den Fällen, in denen das englische und das französische Lehnwort dieselbe Bedeutung haben, wird diese nur einmal angegeben.

Außerdem stehen in dieser Spalte die sog. **false friends** oder „Falschen Freunde", also Wörter, die zwar aus dem Lateinischen abgeleitet sein können und eine ähnliche Schreibung wie das neu zu lernende Wort haben, aber eine andere Bedeutung tragen. Sie sollen vermeiden, dass einem lateinischen Wort eine falsche Bedeutung zugewiesen wird.

Wenn angebracht, steht nach einem Eintrag eine Information (!) darüber, **in welchem kulturellen Zusammenhang** das Wort verwendet wurde/wird oder wenn das Wort **in einer Redewendung** vorkommt, die wir heute gern benutzen, z. B. *in medias res*.

Am Ende eines Kapitels stehen zusammengefasst die **Antonyme**, also Wörter mit einer gegensätzlichen Bedeutung (←→): „Gegensätze ziehen sich an!" lautet die Überschrift, die signalisiert, dass hier eine Lernhilfe angeboten wird.

Der *Grundwortschatz nach Sachgruppen* kann sowohl gegen Ende der Lehrwerksarbeit als auch begleitend in der Lektürephase zum Einsatz kommen. Darüber hinaus eignet er sich besonders zum **Lernen** und **Wiederholen** zu Hause.

Lernen mit dem GWS

Für eine Lernphase von **1–3 Portionen** sollten etwa 20 Minuten eingeplant werden. Da sich Vokabeln nicht sofort langfristig einprägen, ist es erforderlich, das jeweilige Pensum mehrfach und in einem sinnvollen Rhythmus (Tagespensen für eine Woche, Wochenpensen für einen Monat) durchzuarbeiten, damit die Vokabeln ins Langzeitgedächtnis gelangen; *repetitio est mater studiorum*, anders ausgedrückt: Auch beim Vokabellernen ist **Nachhaltigkeit** angesagt: Karteikarten oder das klassische Vokabelheft helfen beim Memorisieren.

Die CD-ROM hinten auf der inneren Umschlagseite bietet die Möglichkeit, die Vokabeln in einer **virtuellen Vokabeldatei** zu üben, die dem Karteikartenprinzip folgt.

Auch die **selbstständige Erarbeitung kleiner Sachfelder**, z. B. mithilfe eines Wörterbuchs oder auch online (www.pons.de; www.zeno.org), ist zu empfehlen. Ein Beispiel für ein Sachfeld zum Thema „ernähren" befindet sich auf S. 15 oben. Es enthält ausschließlich Wörter, die im GWS stehen.

Wortfelder lassen sich z. B. durch Synonyme und Antonyme gut darstellen; Beispiel:

– Synonyme
metus (Furcht, Besorgnis) – *timor* (Angst)
pōscere (fordern) – *pōstulāre* (fordern) – *petere* (nach etw. streben, bitten)
– Antonyme
amor (Liebe) – *odium* (Hass); *amāre* (lieben) – *ōdisse* (hassen)

Die Durchnahme der Kapitel ist an **keine Reihenfolge** gebunden, sie sollte dem jeweiligen Unterrichtsthema folgen.

Das **Stichwörterverzeichnis** am Ende des Buches kann wie ein Wörterbuch verwendet werden.

Gunter H. Klemm

Der Mensch

1 Der menschliche Geist

animus	animī *m.*	Geist, Seele; Mut	F l'âme
Catilīna fuit māgnā vī et animī et corporis, sed ingeniō malō prāvōque.		Catilina besaß große geistige und körperliche Kraft, hatte aber einen sehr schlechten Charakter.	
Omnium animī ad laetitiam excitantur.		Alle werden von Freude ergriffen.	
ratiō	ratiōnis *f.*	Berechnung; Art und Weise; Vernunft	D Ratio (Vernunft) E reason (Vernunft; Grund) F la raison
ratiōnem reddere		Rechenschaft ablegen	
vītae ratiō		Lebensführung	
eādem ratiōne		in gleicher Weise	
Ā deō ratiōnem habēmus.		Von Gott haben wir die Vernunft.	
mēns	mentis *f.*	Verstand; Gedanke; Gesinnung	D E F mental
ingenium	ingeniī *n.*	Begabung, Anlage	
memoria	memoriae *f.*	Gedächtnis, Erinnerung	D Memoiren E memory F la mémoire
patrum memoriā		zur Zeit unserer Väter	
nostrā memoriā		zu unserer Zeit	
aber: memoria nostrī		unser Nachruhm	
memor	*Gen.* memoris *(+ Gen.)*	eingedenk, sich erinnernd	
Beneficiī tuī memor sum.		An deine Wohltat erinnere ich mich.	
meminisse	meminī	sich erinnern, daran denken	
Beneficiī tuī meminī.		Deine Wohltat behalte ich in (dankbarer) Erinnerung.	
oblīvīscī	oblīvīscor, oblītus sum *(+ Gen.)*	vergessen	F oublier
Beneficiī tuī oblītus est.		Deine Wohltat hat er vergessen.	

oblīviō	oblīviōnis *f.*	Vergessen	
scīre	sciō, scīvī, scītum	wissen, kennen	
scīre, quae fīant		wissen, was geschieht	
scīre illa esse vera		wissen, ob das wahr ist	
Prūdēns et sciēns hoc fēcī.		Mit Vorbedacht und wissentlich habe ich das getan.	
scientia	scientiae *f.*	Wissen, Kenntnis	E science (Natur-) Wissenschaft F les sciences naturelles (Naturwissenschaften)
cōnscius	-a, -um; (+ *Gen.*)	mitwissend; bewusst; *Subst.:* Mitwisser	E consious F conscient
omnium rērum cōnscius		um alle Dinge wissend	
cōnscientia	cōnscientiae *f.*	Bewusstsein; Gewissen	E conscience F la conscience
nescīre	nesciō, nescīvī, nescītum	nicht wissen	
Nihil gravius fēcistī quam nesciō an aliī multī ante.		Du hast nichts Schlimmeres getan als vielleicht viele andere zuvor.	
nesciō quōmodo		ich weiß nicht, wie; irgendwie	
īnscius	-a, -um	unwissend, unkundig	
īnsciī, quid in Haeduīs gererētur		ohne zu wissen, was bei den Haeduern passierte	
īgnōrāre	īgnōrō, īgnōrāvī, īgnōrātum	nicht wissen, nicht kennen	D ignorieren E to ignore F ignorer
nōn īgnōrāre		ganz genau wissen	
īgnārus	-a, -um (+ *Gen.*)	unkundig	
sapere	sapiō, sapīvī	Geschmack haben; Verstand haben/ gebrauchen	F savoir
sapiēns	*Gen.* sapientis	weise, vernünftig	F savant
sapientia	sapientiae *f.*	Weisheit, Einsicht	
prūdēns (prōvidēre)	*Gen.* prūdentis	klug, umsichtig	F prudent

Quidquid agis, prūdenter agās et respice fīnem!
(Was auch immer du tust, tue es klug und bedenke das Ende.)

Motto, das zu klugem und zielorientiertem Handeln mahnt.

prūdentia	prūdentiae *f.*	Klugheit, Umsicht	F la prudence
stultus	-a, -um	töricht, dumm	

Gegensätze ziehen sich an!

meminisse	sich erinnern		oblīvīscī	vergessen
prūdēns	klug, umsichtig	⟷	stultus	töricht, dumm
scīre	wissen		nescīre	nicht wissen

Geistig-seelische Einheit des Menschen

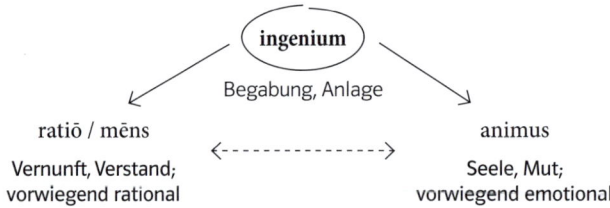

ingenium

Begabung, Anlage

ratiō / mēns

Vernunft, Verstand;
vorwiegend rational

animus

Seele, Mut;
vorwiegend emotional

2 Der menschliche Körper

homō	hominis *m.*	Mensch; Mann	F l'homme
corpus	corporis *n.*	Körper, *auch:* Leichnam	D Korpus F le corps
rōbur	rōboris *n.*	Kraft	D robust
vīs	*f., Akk.* vim, *Abl.* vī	Kraft, Stärke; Gewalt	
vīs memoriae		Erinnerungs- vermögen	
cruor	cruōris *m.*	Blut; Blutvergießen, Mord	F cruel (grausam)
sanguis	sanguinis *m.*	Blut; Lebenskraft	F le sang
nervus	nervī *m.*	Sehne, Muskel	
Haec ōrātiō nervōs nōn habet.		Diese Rede hat kei- nen rechten Schwung.	

Latein	Formen	Deutsch	Sprachen
fōrma	fōrmae *f.*	Form, Gestalt; Schönheit	E form F la forme
beātae vītae fōrma		das Ideal eines erfüllten Lebens	
speciēs	speciēī *f.*	Gestalt; Aussehen; Schein	D Spezies E species
speciem honestī praebēre		den Eindruck anständigen Verhaltens machen	
caput	capitis *n.*	Haupt, Kopf	E capital (Hauptstadt) F la capitale
caput coniūrātiōnis		das Haupt der Verschwörung	
praeceps	*Gen.* praecipitis	kopfüber, steil	
praecipitāre	praecipitō, praecipitāvī, praecipitātum	herabstürzen; beschleunigen	
faciēs	faciēī *f.*	Gestalt; Gesicht	E face (Gesicht) F la face **Falsche Freunde!** F facile (leicht)
pūblicī cōnsiliī faciē		angeblich aufgrund eines amtlichen Beschlusses	
collum	collī *n.*	Hals	F le cou
guttur	gutturis *n.*	Gurgel, Kehle	
vultus	vultūs *m.*	Gesichtsausdruck, Miene	
ōs	ōris *n.*	Mund, Gesicht	F l'os (Knochen)
ōs Tiberis		die Tibermündung	
lingua	linguae *f.*	Zunge; Sprache	E language F le langage, la langue
dēns	dentis *m.*	Zahn	D Dentist F la dent
frōns	frontis *f.*	Stirn, Vorderseite	D Front E front F le front
coma	comae *f.*	(Haupt-)Haar	**Falsche Freunde!** D Koma; Komma
crīnis	crīnis *m.*	Haar	
oculus	oculī *m.*	Auge	D Okular
sibi ante oculōs pōnere		sich (etwas) vergegenwärtigen	
auris	auris *f.*	Ohr	

pectus	pectoris *n.*	Brust	
tōtō pectore amāre		von ganzem Herzen lieben	
cor	cordis *n.*	Herz	F le cœur
tergum	tergī *n.*	Rücken	
umerus	umerī *m.*	Schulter	
latus	lateris *n.*	Seite, Flanke	
ā fronte; ā tergō; ā latere		vorn; hinten; seitlich	
artus	artūs *m. (meist Plural)*	Gelenk, Glied	
membrum	membrī *n.*	(Körper-)Glied	**Falsche Freunde!** E member (Mitglied, Teilnehmer) F un membre

manus	manūs *f.*	Hand, Handvoll; Schar	F la main
Oppidum et nātūrā locī et manū mūnītum erat.		Die Stadt war sowohl durch ihre natürliche Lage als auch durch Befestigungsarbeit geschützt.	
manus scelerātōrum		eine Bande von Verbrechern	
servum manū mittere		einen Sklaven frei-lassen	

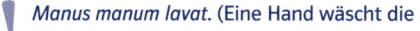

! *Manus manum lavat.* (Eine Hand wäscht die andere.)

• Die lateinische Übersetzung einer ursprünglich griechischen Redensart durch Seneca lebt bis heute als Sprichwort zum Ausdruck gegenseitiger Hilfe weiter.

digitus	digitī *m.*	Finger; Zehe *(Längenmaß: ca. 2 cm)*	E digit F le doigt
nōn digitum discēdere		keinen Fingerbreit nachgeben	
genū	genūs *n.*	Knie	F le genou
pēs	pedis *m.*	Fuß *(Längenmaß: ca. 30 cm)*	F le pied
mūrus vīgintī pedēs altus		eine zwanzig Fuß (= sechs Meter) hohe Mauer	

passus	passūs *m.*, passuum *m.*	Schritt	F le pas
passūs *(Plural)*		Doppelschritt (*Längenmaß: ca. 150 cm*)	
(quīnque) mīlia passuum		(fünf) Meilen (*ca. 7,5 km*)	

3 Grundbedürfnisse des Menschen

vīvere	vīvō, vīxī, vīctūrus	leben	F vivre

> **!** Mit *Modus vivendī* (wörtlich „die Art zu leben", „die Lebensweise") bezeichnet man eine Übereinkunft, die ein Zusammenleben oder ein Zusammenarbeiten trotz eventueller Gegensätzlichkeit möglich macht.

vīvus	-a, -um	lebendig, am Leben	F vif
Hannibale vīvō		zu Lebzeiten Hannibals	
vīta	vītae *f.*	Leben, Lebensweise	D vital
vīta cottīdiāna		der Alltag	F la vie
vīctus	vīctūs *m.*	Lebensunterhalt, Nahrung	
necessāriī vīctūs inopia		Mangel an Grundnahrungsmitteln	
anima	animae *f.*	Atem; Leben; Seele	F l'âme (Seele)
animam dūcere		Atem holen	**Falsche Freunde!** E animal (Tier) F un animal
spīrāre	spīrō, spīrāvī, spīrātum	hauchen, atmen; leben	
Ventī spīrant secundī.		Es wehen günstige Winde.	

> **!** *Dum spīrō spērō.* (Solange ich atme, hoffe ich.)
>
> • Dieser Ausspruch Ciceros führte zur heutigen Redensart „Die Hoffnung stirbt zuletzt."

spīritus	spīritūs *m.*	Hauch, Atem; Leben	E spirit (Geist)
ūsque ad extrēmum spīritum		bis zum letzten Atemzug	E l'esprit
alere	alō, aluī, altum	(er)nähren, großziehen	
Ager alit agricolam.		Der Acker ernährt den Bauern.	

famēs	famis f.	Hunger	F la faim
Aurī sacra famēs!		Verfluchte Gier nach Gold!	
cēnāre	cēnō, cēnāvī, cēnātum	(zu Mittag) speisen, verzehren	
edere	edō, ēdī, ēsum	essen	E to eat
sitis	sitis f., Akk. sitim, Abl. sitī	Durst; Dürre	F la soif
bibere	bibō, bibī	trinken	F boire
cēna	cēnae f.	(Haupt-)Mahlzeit	
mēnsa	mēnsae f.	Tisch; Essen	D Mensa
lectus	lectī m.	Liegesofa; Bett	F le lit
cubāre	cubō, cubuī, cubitum	(bei Tisch) liegen, ruhen; auch: krank liegen	

! Im antiken Rom lag man bei Gastmählern bei Tisch auf Liegen. Diese fanden gegen Abend statt; bis zu neun Personen konnten so gemeinsam essen.

cibus	cibī m.	Speise	
pānis	pānis m.	Brot	F le pain
aqua	aquae f.	Wasser	
vīnum	vīnī m.	Wein	E wine F le vin
dormīre	dormiō, dormīvī oder dormiī, dormītum	schlafen	F dormir
somnus	somnī m.	Schlaf	F le sommeil
somnium	somniī n.	Traum	
habitāre	habitō, habitāvī, habitātum	wohnen, (einen Ort) bewohnen	F habiter
silvās habitāre		im Wald hausen	
Rōmae habitāre		in Rom wohnen	
Pompēīs habitāre		in Pompeii wohnen	
in Siciliā habitāre		auf Sizilien ansässig sein	
habitus	habitūs m.	Haltung; Kleidung; Zustand	
corporis habitus		die äußere Erscheinung	

vestis	vestis *f.*	Kleid, Kleidung	**D** Weste **F** une veste (Jacke)
toga Pācis est īnsīgne et ōtiī toga.	togae *f.*	Obergewand, Mantel Die Toga ist das Symbol des Friedens und der Muße.	
sinus	sinūs *m.*	Bausch der Toga; Schoß	
tunica	tunicae *f.*	(wollenes) Unterkleid	
lavāre	lavō, lāvī, lautum	waschen	**F** laver
lavārī		baden	

Grundbedürfnisse des Menschen

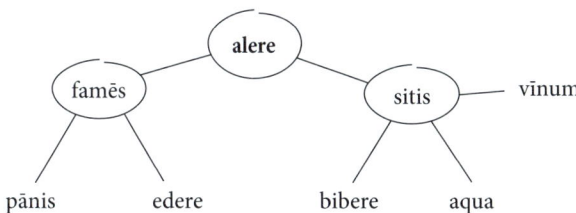

15

Psyche und Fähigkeiten des Menschen

4 Wahrnehmen

sentīre	sentiō, sēnsī, sēnsum	(be)merken; empfinden; meinen	F sentir
sēnsus	sēnsūs *m.*	Wahrnehmung; Empfindung; Auffassung	E sense (Sinn) F le sens
animadvertere	animadvertō, animadvertī, animadversum	achtgeben, bemerken	
vidēre	videō, vīdī, vīsum	sehen	D Video E video F voir; le vidéo
Vidē, ut certō tempore adsīs!		Sieh zu, dass du pünktlich bist!	
Vidē, nē facinus faciās!		Sieh dich vor, dass du kein Verbrechen begehst!	
vidērī	videor, vīsus sum	als etw. scheinen	
Levāta mihi et recreāta rēs publica vidētur.		Der Staat scheint mir erleichtert und erfrischt.	
vīsere	vīsō, vīsī	besichtigen; besuchen	E to visit F visiter
cernere	cernō, crēvī, crētum	sehen, wahrnehmen, erkennen	
ecce		da!, siehe da!	
cōnspicere *und* **aspicere**	cōnspiciō, cōnspexī, cōnspectum aspiciō, aspexī, aspectum	erblicken	
cōnspectus	cōnspectūs *m.*	Anblick	
perspicere	perspiciō, perspexī, perspectum	durchschauen	
spectāre	spectō, spectāvī, spectātum	betrachten, zuschauen	
lūdōs spectāre		sich die Spiele anschauen	
cōnsīderāre	cōnsīderō, cōnsīderāvī, cōnsīderātum	betrachten; erwägen	E to consider F considérer
Cōnsīderandum est, nē quid temere fīat.		Es ist darauf zu achten, dass nichts unbedacht geschieht.	

contemplārī	contemplor, contemplātus sum	betrachten	
pulchritūdinem mundī contemplārī		die Schönheit der Welt betrachten	
intuērī	intueor, intuitus sum	betrachten, ansehen; berücksichtigen	
rērum nātūram intuērī		das Wesen der Dinge betrachten	

audīre	audiō, audīvī, audītum	hören	D E F audio-

> ! Vorsicht, Verwechslungsgefahr! *audīre* (hören) – *audēre* (wagen)
> Ein von Seneca d. Ä. (54 v. Chr. – 39 n. Chr.) geprägter Rechtsgrundsatz lautet:
> *Audiātur et altera pars.* (Auch die andere Seite soll angehört werden!)

concipere	concipiō, concēpī, conceptum	empfinden, auffassen, empfangen	
percipere	percipiō, percēpī, perceptum	wahrnehmen, vernehmen, erfassen	
Quod neque auribus neque oculīs neque ūllō sēnsū percipī potest.		Das kann man weder mit den Ohren noch mit den Augen noch überhaupt mit einem der Sinne wahrnehmen.	

Ergänzungen bei den *verba sentiendi*

	Caesar pervēnit prius, quam Pompēius sentīre posset.	Caesar kam früher an, als Pompeius es bemerken konnte.
Akk.	dolōrem sentīre	Schmerz empfinden
Akk. + Part.	Aliquōs ex nāve ēgredientēs cōnspexit.	Er sah, wie einige Leute das Schiff verließen.
Akk. + Inf.	Sentiō dolōrēs crēscere.	Ich fühle, wie die Schmerzen zunehmen.
Nom. + Inf.	Satis dē hāc rē dīxisse mihi videor.	Es scheint mir, als habe ich genug darüber gesagt.
Indirekte Frage	Cupiō audīre, dē eā rē quid sentiās.	Ich möchte gern hören, was du dazu meinst.

So nimmt man wahr!

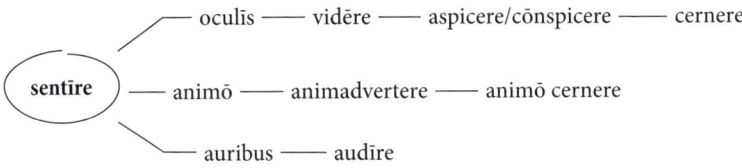

5 Erfahren, Erkennen

accipere	accipiō, accēpī, acceptum	annehmen, vernehmen; erfahren	D akzeptieren E to accept
accipere iniūriam		ein Unrecht erleiden	F accepter
comprehendere	comprehendō, comprehendī, comprehēnsum	ergreifen, festnehmen; begreifen	E comprehension F comprendre
dextram (com)prehendere		die rechte Hand ergreifen	
quālis animus sit, intellegere et cōgitātiōne comprehendere		erkennen und begreifen, welcher Natur der Geist ist	
intellegere	intellegō, intellēxī, intellēctum	bemerken; einsehen, verstehen	
discere	discō, didicī	erfahren; lernen	
Amīcum profectum esse didicit.		Er erfuhr, dass sein Freund bereits abgereist ist.	
(g)nōscere	nōscō, nōvī, nōtum	kennenlernen; erkennen	
Quālis esset nātūra montis, quī cōgnōscerent, mīsit.		Er schickte Leute aus, die die Beschaffenheit des Berges erkunden sollten.	
nōvisse	nōvī	kennen; wissen	
cōgnōscere	cōgnōscō, cōgnōvī, cōgnitum	kennen lernen, erkennen; erfahren	F connaître
nōtus	-a, -um	bekannt	
īgnōtus	-a, -um	unbekannt	
comperīre	comperiō, comperī, compertum	(genau) erfahren	**Falsche Freunde!** E to compare (vergleichen)
Ex captīvīs comperit Suēbōs sē recēpisse.		Von Gefangenen erfuhr er, dass sich die Sueben zurückgezogen hätten.	F comparer
experīrī	experior, expertus sum	versuchen, erfahren	
fortūnam bellī experīrī		sein Kriegsglück versuchen	
Experīrī voluit, vērum falsumne esset relātum.		Er wollte herausbekommen, ob der Bericht falsch sei oder auf Wahrheit beruhe.	

perīculum	perīculī *n.*	Gefahr	
Nōn est perīculum, nē id facere nōn possit.		Es besteht keine Gefahr, dass er dies nicht leisten kann.	
perītus	-a, -um *(+ Gen.)*	erfahren, kundig	
Trium linguārum perītus est.		Er beherrscht drei Sprachen.	
imperītus	-a, -um *(+ Gen.)*	unerfahren, unkundig	
imperītus dīcendī		mit der Redekunst nicht vertraut	
vēritās	vēritātis *f.*	Wahrheit	F la vérité
victus vēritātis vīribus		durch die Macht der Wahrheit besiegt	
vērus	-a, -um	wahr, echt	F vrai
vērum dīcere		die Wahrheit sagen	
vērē *und* **vērō**	*Adv.*	wirklich, tatsächlich	
Mihi vērō placet!		Mir gefällt es!	
falsus	-a, -um	falsch	E false F faux
rēctus	-a, -um	richtig, recht	
rēctē	*Adv.*	(moralisch) richtig, zu Recht	
prāvus	-a, -um	verschroben, unrecht; schlecht	
certus	-a, -um	sicher, gewiss	E F certain
certē *und* **certō**	*Adv.*	sicherlich, gewiss	F certes
Fēcissem certē, sī potuissem.		Ich hätte es sicher getan, wenn ich gekonnt hätte.	
incertus	-a, -um	unsicher, ungewiss	F incertain
Diū incertus erat, quid ageret.		Lange war er unschlüssig, was er tun solle.	

Gegensätze ziehen sich an!

nōtus	bekannt		**ignōtus**	unbekannt
perītus	erfahren, kundig		**imperītus**	unerfahren, unkundig
vērus	wahr, echt	⟷	**falsus**	falsch
rēctus	recht		**prāvus**	unrecht
certus	sicher, gewiss		**incertus**	unsicher, ungewiss

6 Freude, Trauer und Schmerz

afficere	afficiō, affēcī, affectum	versehen mit etwas	
hominēs gaudiō/ dolōre afficere		den Menschen Freude bereiten / Leid zufügen	
gaudiō/dolōre affectus		freudig/schmerzlich berührt	
dēlectāre	dēlectō, dēlectāvī, dēlectātum	erfreuen; unterhalten	E delight (Freude, Vergnügen)
ōtiō dēlectārī		Freude an der Muße haben	
gaudēre	gaudeō, gāvīsus sum	sich freuen	
Gaudeō tibi iūcundās esse meās litterās.		Ich freue mich, dass dir mein Brief willkommen ist.	
gaudium	gaudiī n.	Freude	D Gaudi
laetārī	laetor, laetātus sum	sich freuen, fröhlich sein	
laetus	-a, -um	fröhlich, munter	
laetitia	laetitiae f.	Freude, Fröhlichkeit	
voluptās	voluptātis f.	Vergnügen, Lust	
malīs aliēnīs voluptātem capere		an fremdem Unglück Freude haben	
dolēre	doleō, doluī, dolitūrus	Schmerz empfinden, bedauern	
Doleō, quod nesciō, ubī tē vīsūrus sim.		Leider weiß ich nicht, wo ich dich wiedersehen werde.	
dolor	dolōris m.	Schmerz, Bedauern	F la douleur
lūgēre	lūgeō, lūxī, lūctum	(be)trauern	
lūctus	lūctūs m.	Trauer	
maerēre	maereō, maeruī	trauern, etw./jdn. betrauern	
maeror	maerōris m.	Trauer, Gram	
Maerōrem minuī, dolōrem nōn potuī.		Die Trauer habe ich schon überwunden, den Schmerz noch nicht.	
maestus	-a, -um	betrübt, traurig	
trīstis	trīste, Gen. trīstis	traurig; abstoßend	D trist F triste

sōlitūdō	sōlitūdinis *f.*	Alleinsein; Verlassenheit	E solitude F la solitude
exsultāre	exsultō, exsultāvī, exsultātum	jubeln; übermütig sein	E exaltation
in alterīus ruīnīs exsultāre		über den Ruin des anderen jubeln	
rīdēre	rīdeō, rīsī, rīsum	lachen; verspotten	F rire
flēre	fleō, flēvī, flētum	(be-)weinen, beklagen	
cāsum reī pūblicae flēre		über den Untergang des Staates weinen	
lacrima	lacrimae *f.*	Träne	F une larme
lēnīre	lēniō, lēnīvī (lēniī), lēnītum	lindern, mildern; besänftigen	
iuvat		es erfreut, es nützt	
Tē valēre mē iuvat.		Ich freue mich, dass es dir gut geht.	
iūcundus	-a, -um	angenehm, erfreulich	
molestus	-a, -um	beschwerlich, lästig	
Nec sōlum nōn molesta, sed etiam iūcunda rēs est.		Die Sache ist nicht nur nicht lästig, sondern geradezu erfreulich.	

Gegensätze ziehen sich an!

rīdēre	lachen		**flēre**	weinen
laetus	fröhlich, munter		**maestus** **trīstis**	betrübt, traurig
laetitia **gaudium**	Freude, Fröhlichkeit	⟵⟶	**maeror**	Trauer, Gram
iūcundus	angenehm, erfreulich		**molestus**	beschwerlich, lästig

7 Zuneigung und Abneigung

amāre	amō, amāvī, amātum	lieben	F aimer
amor	amōris *m.*	Liebe	F l'amour *f.*
amīcus	-a, -um	freundlich	
amīcus / amīca	amīci *m.* / amīcae *f.*	der Freund, die Freundin	F l'ami(e)
amīcitia	amīcitiae *f.*	Freundschaft	F l'amitié *f.*
ōdisse	ōdī	hassen	

Omnēs hominēs nātūrā lībertātī student et condiciōnem servitūtis ōdērunt.

Alle Menschen streben von Natur aus nach Freiheit und hassen ein Leben in Knechtschaft.

 Der Ausspruch des Kaisers Caligula (12 – 41 n. Chr.) lautete:

● *Ōderint, dum metuant.* (Mögen Sie mich hassen, wenn sie mich nur fürchten.)

odium	odiī *n.*	Hass	
inimīcus	-a, -um	feindlich	
inimīcus / inimīca	inimīci *m.* / inimīcae *f.*	der Feind, die Feindin	E enemy F l'ennemi *m.*

Ratiōnī voluptās inimīca.

Die Sinneslust ist eine Feindin der Vernunft.

placēre	placeō, placuī, placitum	gefallen	F plaire
amplectī *oder* **complectī**	amplector, amplexus sum	umarmen, umfassen	
dīligere	dīligō, dīlēxī, dīlēctum	hoch achten, lieben	

Ille ā mē nōn dīligitur sōlum, vērum etiam amātur.

Er wird von mir nicht nur geschätzt, sondern sogar geliebt.

dīligēns	*Gen.* dīligentis	sorgfältig, gewissenhaft	E F diligent
dīligentia	dīligentiae *f.*	Sorgfalt, Umsicht	
dīligentiam adhibēre		sorgfältig vorgehen	
neglegere	neglegō, neglēxī, neglēctum	vernachlässigen, nicht beachten	E to neglect F négliger
contemnere	contemnō, contempsī, contemptum	verachten, ablehnen	E contempt (Verachtung)

spernere	spernō, sprēvī, sprētum	verachten	
favēre	faveō, fāvī, fautum	geneigt sein; begünstigen	**D** favorisieren **F** favoriser
Dī mihi faveant!		Die Götter mögen mir gnädig sein!	
Caesaris partibus *(Dat.)* favēre		auf Caesars Seite stehen	
favor	favōris *m.*	Gunst, Beifall	**E** favour **F** la faveur
invidēre	invideō, invīdī, invīsum *(+ Dat.)*	beneiden	**E** envy **F** envier
Invideō tibi (honōrī tuō).		Ich bin neidisch auf dich (auf deine Stellung).	
invidia	invidiae *f.*	Neid, Missgunst	
acerbus	-a, -um	herb, bitter; rau, hart	
acerba verba		bittere Worte	
dulcis	dulce, *Gen.* dulcis	süß, lieblich	**F** doux
melle dulcius		süßer als Honig	
misericordia	misericordiae *f.*	Mitleid, Barmherzigkeit	
in miserōs ūtī misericordiā		Mitleid haben mit Menschen, die in Not sind	
miser	-a, -um	elend, unglücklich	
miseria	miseriae *f.*	Elend, Unglück	**D** Misere **E** misery **F** la misère
īra	īrae *f.*	Zorn	
īrāscī	īrāscor, īrātus sum	zürnen, zornig sein	
īrātus	-a, -um	zornig, aufgebracht	
aegrē ferre *oder* **graviter ferre**		übel (auf)nehmen, sich gekränkt fühlen	
Omnēs amīcōs discessisse aegrē ferō.		Ich finde es schlimm, dass alle meine Freunde gegangen sind.	
Graviter ferō, quod omnēs amīcī mē dēseruērunt.		Ich ärgere mich darüber, dass mich alle meine Freunde im Stich gelassen haben.	

īgnōscere	īgnōscō, īgnōvī, īgnōtum	verzeihen	
Mihi īgnōscit, quod nōn vēnerim.		Er verzeiht es mir, dass ich nicht gekommen bin.	

Gegensätze ziehen sich an!

amāre	lieben		ōdisse	hassen
amor	Liebe		odium	Hass
amīcus	Freund		inimīcus	Feind
dīligere	hoch achten, lieben	⟷	contemnere	verachten, gering schätzen
			neglegere	vernachlässigen, nicht beachten
favor	Gunst, Beifall		invidia	Neid, Missgunst
favēre	geneigt sein; begünstigen		spernere	verachten, ablehnen
aegrē ferre/ graviter ferre	übel (auf)nehmen, sich gekränkt fühlen		īgnōscere	verzeihen
dulcis	süß		acerbus	herb, bitter

Von Liebe und Hass!

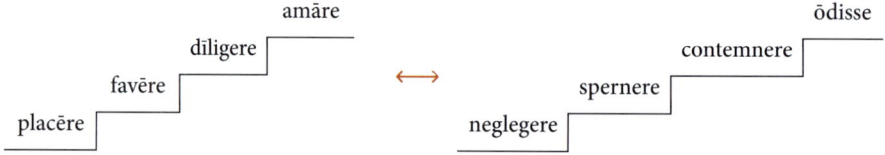

8 Furcht und Hoffnung

exspectāre	exspectō, exspectāvī, exspectātum	ausschauen (nach), erwarten	E to expect, expectation
litterās exspectāre		einen Brief erwarten	
Tū quid ēgeris, vehementer exspectō.		Ich bin äußerst gespannt, was du ausrichtest.	
Exspextāvit, dum suī in ūnum colligerentur.		Er wartete, bis sich seine Leute zusammengefunden hatten.	
Mea lēnitās hoc exspectāvit, ut id, quod latēbat, ērumperet.		Meine Sanftmut erwartete, dass das, was verborgen war, hervorkommt.	
spērāre	spērō, spērāvī, spērātum	hoffen, erwarten	F espérer
spēs	speī f.	Hoffnung, Erwartung	
Māgna mē spēs tenet tē valēre.		Ich hoffe sehr, dass es dir gut geht.	
dēspērāre	dēspērō, dēspērāvī, dēspērātum	die Hoffnung aufgeben, verzweifeln	E (to) despair, desperate F désespérer
Dēspērāta rēs est.		Die Lage ist verzweifelt.	
sōlācium	sōlāciī n.	Trost	
verērī	vereor, veritus sum	sich scheuen; fürchten; verehren	
Verēbar tibi grātiās agere.		Ich scheute mich, dir meinen Dank auszusprechen.	
parentēs verērī		Vater und Mutter ehren	
Nē ab omnibus dēsererētur, veritus est.		Er fürchtete, von allen verlassen zu werden.	
Labiēnus veritus est, ut hostium impetum sustinēre posset.		Labienus fürchtete, dem Ansturm der Feinde nicht standhalten zu können.	
pudor	pudōris m.	Scham, Scheu; Ehrgefühl	F la pudeur
Vīcit pudōrem libīdō.		Die Lust war stärker als die Scham.	

pudet	puduit *und* puditum est	es erfüllt mit Scham	
metuere	metuō, metuī	fürchten	
metus	metūs *m.*	Furcht, Besorgnis	
timēre	timeō, timuī	(sich) fürchten, Angst haben	
Dē rē pūblicā valdē timeō.		Ich mache mir große Sorgen um unseren Staat.	
Timeō, nē veniat.		Ich fürchte, dass er kommt.	
Timeō, ut veniat.		Ich fürchte, dass er nicht kommt.	
timor	timōris *m.*	Angst	**Falsche Freunde!** D Tumor
timidus	-a, -um	ängstlich, besorgt	E timid, F timide
pavor	pavōris *m.*	Angst, Verzagtheit	F la peur
hostibus *(Dat.)* pavōrem inicere		die Feinde in Angst versetzen	
anxius	-a, -um	ängstlich, unruhig	E anxious
gemere	gemō, gemuī, gemitum	seufzen, stöhnen; betrauern	
gemitus	gemitūs *m.*	Seufzen, Stöhnen	
horrēre	horreō, horruī	starr sein, sich entsetzen	D Horror E horror, to horrify F l'horreur, horrifier
Nihil habet mors, quod sit horrendum.		Der Tod hat nichts, was schrecklich wäre.	
formīdō	formīdinis *f.*	Entsetzen	
terrēre	terreō, terruī, territum	jdn. erschrecken	
terror	terrōris *m.*	Schrecken	D Terror E terror F la terreur
Sapientia nōs ā formīdinum terrōre vindicat.		Die Weisheit befreit uns von dem Druck der Ängste.	
perterrēre	perterreō, perterruī, perterritum	gewaltig erschrecken, einschüchtern	

Gegensätze ziehen sich an!

spērāre	hoffen, erwarten	⟷	**dēspērāre**	die Hoffnung aufgeben, verzweifeln

9 Verknüpfen

iungere *und* coniungere	iungō, iūnxī, iūnctum	verbinden, vereinigen	**E** to join **F** joindre
ōrdinēs inter sē coniungere		die gesellschaftlichen Gruppen/ Stände (wieder) an einen Tisch bringen	
adiungere	adiungō, adiūnxī, adiūnctum	anbinden	
nātiōnēs in societātem adiungere		mit diesen Volksstämmen ein Bündnis schließen	
nectere	nectō, nex(u)ī, nexum	verknüpfen, zusammenbinden, fesseln	**E** to connect
nāvēs nectere (iungere)		die Schiffe aneinander befestigen	
virtūtem cum ēloquentiā iungere		Charakterstärke und Redegewandtheit miteinander verbinden	
addere	addō, addidī, additum	hinzutun, hinzufügen	**D** addieren **E** to add
adicere	adiciō, adiēcī, adiectum	hinzufügen	
Ad laudem doctrīnae glōriam adiēcit.		Zu der Anerkennung seines Wissens erwarb er sich auch Tatenruhm.	
ōrātiōnī minās adicere		seine Rede mit Drohungen verbinden	
dēmere	dēmō, dēmpsī, dēmptum	wegnehmen	
pōma ex arbore dēmere		Äpfel vom Baum pflücken	
et		und, auch	**F** et
et … et …		sowohl … als auch …	
etiam … (*oder* … **etiam**)		auch/noch/sogar …	
…-que		… und …	
senātus populusque Rōmānus (SPQR)		Senat und Volk von Rom	

ac *und* atque	sowie, und, und auch
Iūvenēs revertērunt atque parentēs salūtāvērunt.	Die jungen Leute sind zurückgekehrt und haben ihre Eltern begrüßt.
... quoque	auch ...
cum ... tum ...	sowohl ... als auch (besonders) ...
Lūcius cum parentēs tum amīcos saltūvit.	Lucius begrüßte seine Eltern und besonders seine Freunde.
nōn modo ... sed etiam ... *oder* nōn sōlum ... vērum etiam ...	nicht nur ..., sondern auch ...
Lūcius nōn modo dōnīs, sed etiam ōrātiōnibus animōs cīvium flexit.	Lucius stimmte die Bürger nicht nur durch Geschenke, sondern auch durch seine Reden um.
praetereā	außerdem

nec *und* neque	und nicht, auch nicht, aber nicht
nec ... nec ... *und* neque ... neque ...	weder ... noch ...
nē ... quidem	nicht einmal ...
Mortem nē dīvitissimī quidem effugere possunt.	Dem Tod können nicht einmal die ganz Reichen entkommen.
nōn modo nōn ... sed nē ... quidem	nicht nur nicht ..., sondern nicht einmal ...

Gegensätze ziehen sich an!

et/-que/ac/atque	und, auch		nec/neque	und nicht, auch nicht, aber nicht
et ... et ...	sowohl ... , als auch ...	⟷	nec ... nec ... / neque ... neque ...	weder ... noch
etiam .../ ... quoque	auch ...		ne ... quidem	nicht einmal ...

10 Unterscheiden

discernere	discernō, discrēvī, discrētum	unterscheiden, trennen	
duae urbēs māgnō inter sē maris spatiō discrētae		zwei durch ein weites Meer voneinander getrennte Städte	
discrīmen	discrīminis *n.*	Unterschied; Entscheidung, Gefahr	**Falsche Freunde!** D Diskriminierung E discrimination
nūllum discrīmen habēre		sich nicht unterscheiden	
Rēs in summō discrīmine est.		Die Sache ist an dem entscheidenden Punkt angelangt.	
distinguere	distinguō, distīnxī, distīnctum	unterscheiden, trennen	E to distinguish F distinguer
differre	differō, distulī, dīlātum	verschieden sein	E to differ F différer
Germānī multum ab hāc cōnsuetūdine differunt.		Die Gemanen unterscheiden sich sehr von dieser Lebensweise.	
interest	interfuit	es ist ein Unterschied; es ist wichtig	**Falsche Freunde!** D Interesse E interesting F intéressant
Nōn multum interest inter … et ….		Es besteht kein großer Unterschied zwischen … und ….	
Meā (eius) interest tē venīre.		Für mich (für ihn/sie) ist es wichtig, dass du kommst.	
dīversus	-a, -um	entgegengesetzt, verschieden	D diverse E/F divers
Dīversīs itineribus ītur.		Man geht auf getrennten Wegen.	
in dīversissimā parte Galliae		im entlegensten Teil Galliens	
pertinēre	pertineō, pertinuī	sich erstrecken, sich beziehen	
Belgae ad īnferiōrem partem flūminis Rhēni pertinent.		Das Gebiet der Belger erstreckt sich bis zum unteren Teil des Rheins.	
Id nihil ad rem pertinet.		Das tut nichts zur Sache.	

fīnīre	fīniō, fīnīvī, fīnītum	begrenzen, beenden, abschließen	E to finish F finir
Rhēnō populī Rōmānī imperium fīnītur ā Germānīs.		Durch den Rhein wird das römische Herrschaftsgebiet von den Germanen abgegrenzt.	
fīnis	fīnis *m.*	Grenze, Ende	F la fin
Quem ad fīnem sēsē iactābit audācia tua?		Worauf soll das noch hinauslaufen mit deiner Frechheit?	

aut	oder (aber)	
aut … aut …	entweder … oder …	
Aut Caesar aut nihil.	Alles oder nichts; *wörtlich:* Ich möchte entweder Kaiser oder gar nichts sein.	
sed	aber, hingegen	
(nōn …) sed	(nicht …) sondern	
vērum	(in Wahrheit) aber, sondern	
neque vērō	aber nicht	
at	aber, jedoch, dagegen	**Falsche Freunde!** E at (an, in, etc.)
atquī	und doch, aber doch	
Rēs difficilis et inexplicābilis; atquī explicanda est.	Die Sache ist schwierig und kaum zu entwirren; und doch muss sie erklärt werden.	

… autem	… aber, … andererseits
-ve	oder, oder auch
ūnus plūrēsve	einer oder mehrere
vel	oder (auch), oder sogar; zum Beispiel
Rem ita esse vel hāc ex rē intellegī potest.	Dass es sich so verhält, kann man schon hieraus erkennen.
vel … vel …	… oder …; teils …, teils …

sīve … sīve … *oder* seu … seu …	sei es (dass) …
Hoc sīve Platō sīve quis alius dīxit.	Das kann Platon gesagt haben oder irgendein anderer.

11 Vergleichen

comparāre	comparō, comparāvī, comparātum	vergleichen	E to compare F comparer
virtūte cum amīcō sē comparāre		sich an Tüchtigkeit mit dem Freund messen	
pār	*Gen.* paris	gleich, angemessen	

 Als *prīmus inter pares* bezeichnet man den Ersten unter
Gleich(gestellt)en.

pariter	*Adv.*	in gleicher Weise, gleichzeitig	
cōnferre	cōnferō, cōntulī, collātum	zusammentragen, vergleichen	
parva māgnīs *(Dat.)* cōnferre		kleine Dinge mit großen vergleichen	
praeferre	praeferō, praetulī, praelātum	zeigen; vorziehen	E to prefer F préférer
praepōnere	praepōnō, praeposuī, praepositum	vorziehen, mit der Führung betrauen	
antepōnere	antepōnō, anteposuī, antepositum	vorziehen	
praestat		es ist besser	
longē		bei weitem	**Falsche Freunde!** E / F long (lang)
adaequāre	adaequō, adaequāvī, adaequātum	gleichmachen, gleichkommen, vergleichen	D adäquat E adequate F adéquat
amīcum virtūte (ad) aequāre		dem Freund an Tüchtigkeit gleich- kommen	
colōniās iūre ūrbī aequāre		die Kolonien recht- lich Rom gleich- stellen	

aequus	-a, -um	eben; gleich; günstig; gerecht	E equal
Frātrēs tuōs aequē dīligō atque tē.		Ich schätze deine Brüder genauso sehr wie dich.	
inīquus	-a, -um	uneben; ungleich; ungünstig; ungerecht	
aequālis	aequāle Gen. aequālis	gleich, gleichaltrig	
Eīs genus, aetās, ēloquentia prope aequālia fuērunt, māgnitūdō animī pār, item glōria, sed alia aliī.		An Abstammung, Alter, Bildung waren sie einander fast gleich, hatten dieselbe geistige Überlegenheit, den gleichen Ruhm, doch jeder auf seine Weise.	

simulāre	simulō, simulāvī, simulātum	nachbilden; vortäuschen	D simulieren E to simulate F simuler
(sē) aegrum (esse) simulāre		den Kranken spielen	
dissimulāre	dissimulō, dissimulāvī, dissimulātum	unkenntlich machen, verheimlichen	
similis	simile, Gen. similis	ähnlich	E similar F similaire
dissimilis	dissimile, Gen. dissimilis	unähnlich	

īdem	eadem, idem	derselbe	D idem (dasselbe)
alius	alia, aliud Gen. alterīus Dat. aliī	ein anderer	
alius … alius		der eine … der andere	
Dīvitiās aliī praepōnunt, bonam aliī valētūdinem, aliī honōrēs.		Die einen ziehen Reichtum vor, die anderen Gesundheit, wieder andere eine politische Karriere.	
item		ebenso, gleichfalls	
aliter		anders, sonst	
Rēs aliter sē habet ac sentīs.		Es verhält sich anders als du denkst.	

ut … ita *oder* sīc …		wie …, so …; … auf dieselbe Weise wie …
quam … tam …		wie (sehr) …, so (sehr) …; … ebenso (sehr) wie …
Quid tam populāre quam lībertās?		Was ist so sehr im Sinne des Volkes wie die Freiheit?
Haec domus nōn māior quam nostra est.		Dieses Haus ist nicht größer als unseres.
Accipere quam facere praestat iniūriam.		Besser Unrecht erleiden als Unrecht tun.
Quam maximīs (potest) itineribus Rōmam contendit.		In möglichst großen Tagemärschen eilt er nach Rom.
quālis … tālis	quāle … tāle, *Gen.* quālis … tālis	wie (beschaffen) … so (beschaffen)
Quālis rēx, tālis grex.		Wie sich der König benimmt, so auch seine Untertaten.
quō … eō	*(+ Komparativ)*	je … desto
Hominēs, quō plūra habent, eō plūra cupiunt.		Je mehr die Menschen haben, desto mehr begehren sie.
sīcut(ī) *und* velut(ī)		so wie, gleich wie
Sīcut magistrātibus lēgēs, ita populō magistrātūs imperant.		Wie die Gesetze über den Beamten stehen, so gebieten die Beamten über das Volk.
velut (sī), quasi, tamquam (sī)		(wie wenn,) als ob; gleichsam
Mē sequitur, tamquam sī mea umbra esset.		Er folgt mir, als ob mein Schatten wäre.

Gegensätze ziehen sich an!

aequus	eben, gleich		inīquus	uneben, ungleich
similis	ähnlich		dissimilis	unähnlich
īdem	derselbe	←→	alius	ein anderer
item	ebenso		aliter	anders, sonst

33

12 Begründen, Zugestehen, Beabsichtigen

causa	causae f.	Grund; Ursache; Streitsache	E cause F la cause
argūmentum	argūmentī n.	Beweis, Grund; Inhalt	D Argument E argument F l'argument D argumentieren F argumenter
arguere	arguō, arguī, argūtum	darlegen; beschuldigen	E to argue
dēmōnstrāre	dēmōnstrō, dēmōnstrāvī, dēmōnstrātum	zeigen, darlegen; beweisen	D etw. demonstrieren E to demonstrate F démontrer qc
ratiō	ratiōnis f.	Berechnung; Art und Weise; Vernunft	E reason F la raison
cōnsiliī causam ratiōnemque cōgnōscere		Grund und Motiv des Plans erkennen	

cūr?		warum?	
quamobrem?		weswegen?	
ob	*(+ Akk.)*	wegen	**Falsche Freunde!** D ob
propter	*(+ Akk.)*	wegen	
Flūmen propter lātitūdinem trānsīre nōn poterant.		Sie konnten den Fluss wegen seiner Breite nicht überqueren.	
proptereā		deswegen	
nam …		denn …	
… enim		… nämlich, … allerdings	
etenim		nämlich, und in der Tat	
neque enim …		denn … nicht	
quod		da, weil	
quia		weil	
Flūmen, quia lātum erat, trānsīre nōn poterant.		Sie konnten den Fluss nicht überqueren, weil er (zu) breit war.	
quoniam		da ja	
cum	*(+ Konjunktiv)*	da, weil	
Quae cum ita essent, itinere dēstitit.		Weil diese Dinge so waren, sah er von der Reise ab.	

praesertim (cum)		besonders, zumal	
concēdere	concēdō, concessī, concessum	nachgeben, gestatten, zugestehen	E to concede (zugestehen) F concéder
tamen		dennoch, trotzdem	
quamquam		obwohl, obgleich	
Iūs, quamquam minimē dubium est, vetustāte tamen intermittitur.		Obwohl es gar nicht zweifelhaft ist, wird ein Recht, einfach weil es sehr alt ist, gebrochen.	
… quidem		… jedenfalls, … jedoch	
quippe		natürlich; ja, nämlich	
etsī, etiamsī		auch wenn, obgleich	
cum	(+ Konjunktiv)	obwohl, während	
Sōcratēs, cum facile posset ēdūcī ē carcere, nōluit.		Obwohl Sokrates leicht aus dem Kerker hätte fliehen können, wollte er es nicht.	
ut	(+ Konjunktiv)	wenn auch	
Ut dēsint vīrēs, tamen est laudanda voluntās.		Auch wenn die Kräfte fehlen, so ist der gute Wille doch zu loben.	
quamvīs		wie sehr auch, obwohl; beliebig	
quamvīs multī		beliebig viele	
Avārī egent, quamvīs sint dīvitēs.		Geizhälse leiden Mangel, obwohl sie reich sind.	
fīnis	fīnis *m.*	Ziel, Zweck; Ende	F la fin
ut	(+ Konjunktiv)	dass, damit	
Mittitur ad eōs eques Rōmānus, ut cum eīs colloquātur.		Es wird ein römischer Ritter zu ihnen geschickt, damit er mit ihnen spreche.	
quō (= ut eō)	(+ Konjunktiv)	damit; dadurch	
Lēgem brevem esse oportet, quō facilius teneātur.		Ein Gesetz muss knapp sein, damit man es leichter behalten kann.	

nē	(+ Konjunktiv)	damit nicht, dass nicht	
… nēve		… und damit nicht	

Verwendungen von *ut*:

Fragewort (ut interrogativum)	wie?
Vergleichswort (ut comparativum)	wie
ut temporale	wie bald = sobald
ut concessivum	wie sehr auch …, mag auch …
ut finale	in der Weise = Absicht, dass …
ut consecutivum	in der Weise = mit der Folge, dass …
ut explicativum	Geschehen „der Art, des Inhalt, dass …"

13 Folgern und Annehmen

conclūdere	conclūdō, conclūsī, conclūsum	folgern, abschließen, abrunden	E to conclude F conclure
conicere	coniciō, coniēcī, coniectum	zusammentragen; vermuten; schließen	
colligere	colligō, collēgī, collēctum	sammeln, folgern	D Kollekte E to collect F collectionner
Ex eō colligere potes, quid agere in animō habeam.		Daraus kannst du schließen, was ich zu tun gedenke.	
cōnsequi	cōnsequor, cōnsecūtus sum	nachfolgen, erreichen; erfassen, begreifen	D Konsequenz E consequence F la conséquence
Ex quō cōnsequitur/ conclūditur illud vērum esse.		Daraus folgt, dass dies wahr ist.	

ergō	deshalb, also	
ideō	deshalb	
igitur	also, folglich	
itaque	daher; *wörtlich:* und so	
quārē	wodurch; deshalb *(rel. Anschl.)*	
scīlicet	selbstverständlich, natürlich	
Quis hoc dīcit? Platō scīlicet!	Wer sagt das? Platon natürlich!	

ut	(+ Konjunktiv)	dass, sodass	
Atticus sīc Graecē loquēbātur, ut Athēnīs nātus vidērētur.		Atticus sprach so gut Griechisch, dass man den Eindruck hatte, er sei in Athen geboren.	
ut nōn	(+ Konjunktiv)	dass, sodass nicht	
Sōcratēs tantā erat sapientiā, ut dēcipī nōn posset.		Sokrates war so weise, dass man ihn nicht täuschen konnte.	
adeō …, ut …		so (sehr) …, dass …	
condiciō	condiciōnis f.	Übereinkunft; Bedingung; Lage	D Kondition E condition (Bedingung) F la condition
sī		wenn, falls	F si
nisī		wenn nicht; außer	
Memoria minuitur, nisi eam exerceās.		Das Gedächtnis lässt nach, wenn man es nicht übt.	
Id facere nēmō nisī deus potest.		Das kann niemand außer (ein) Gott.	
sīn (autem)		wenn aber	

14 Prüfen und Bewerten

aestimāre	aestimō, aestimāvī, aestimātum	schätzen	E to estimate F estimer
māgnī (parvī) aestimāre		hoch (gering) schätzen	
exīstimāre	exīstimō, exīstimāvī, exīstimātum	(ein)schätzen; meinen	
Ex ēventū dē tuō cōnsiliō exīstimābō.		Ich werde deinen Plan je nach seinem Erfolg beurteilen.	
arbitrārī	arbitror, arbitrātus sum	meinen	**Falsche Freunde!** D arbiträr (willkürlich) E arbitrary F arbitraire
putāre	putō, putāvī, putātum	glauben, meinen	
Quid mihi faciendum putātis?		Was soll ich eurer Meinung nach tun?	
rērī	reor, ratus sum	meinen; halten für	

dūcere	dūcō, dūxī, ductum	ziehen, führen; meinen, halten für	
pecūniam prō nihilō dūcere		Geld für unwichtig halten	
Illa ficta esse dūcimus.		Wir halten das für reine Einbildung.	
habēre	habeō, habuī, habitum	glauben, meinen, halten für	
Pompēius māgnus imperātor habētur.		Pompeius gilt als bedeutender Feldherr.	
Male rēs sē habet.		Es sieht schlecht aus.	
eum in iūdicum numerō habēre		ihn zu den Richtern rechnen	
cēnsēre	cēnseō, cēnsuī, cēnsum	schätzen; meinen; für etw. stimmen	**Falsche Freunde!** D zensieren
Cēterum cēnseō Carthāginem esse dēlendam.		Übrigens stimme ich dafür, dass Karthago zerstört wird.	
interpretārī	interpretor, interpretātus sum	auslegen, deuten; übersetzen; beurteilen	D interpretieren E to interpret F interpréter
probāre	probō, probāvī, probātum	prüfen, für gut befinden, als gut/richtig nachweisen	D probieren E to prove (beweisen) F prouver
Causam et hominem probant.		Sie sind mit der Sache und dem Mann einverstanden.	
Hōs librōs tibi valdē probō.		Diese Bücher empfehle ich dir sehr.	
Iūdicibus probābō Verrem contra lēgēs pecūniam cēpisse.		Ich werde den Richtern nachweisen, dass Verres gesetzeswidrig Reichttümer an sich gerissen hat.	
bonus	-a, -um	gut	F bon
melior	melius, *Gen.* meliōris	besser	F meilleur
optimus	-a, -um	der beste	D Optimist, E optimist F un optimiste
bonum	bonī *n.*	Gut, das Gute	
bene	*Adv.*	gut	
malus	-a, -um	schlecht	F mal
pēior	pēius, *Gen.* pēiōris	schlechter	

pessimus	-a, -um	der schlechteste	D Pessimist E pessimist F un pessimiste
malum	malī *n.*	Übel, Leid	F le mal
male	*Adv.*	schlecht	F mal

laus	laudis *f.*	Lob, Ruhm, Vorzug	**Falsche Freunde!** D Laus
laudāre Pater eum laudat, quod modestus fuerit.	laudō, laudāvī, laudātum	loben, preisen Der Vater lobt ihn, weil er so bescheiden war.	

 Summā cum laude (wörtlich: mit höchstem Lob) ist die Bestnote („mit Auszeichnung"), die man für Doktorarbeiten erreichen kann.

reprehendere Cuius mōrēs erant ā cēnsōribus reprehēnsī.	reprehendō, reprehendī, reprehēnsum	tadeln Seine Lebensführung war von den Zensoren öffentlich gerügt worden.	

ūtilis cibus aegrō ūtilis	ūtile, *Gen.* ūtilis	nützlich, brauchbar eine für einen Kranken geeignete Nahrung	F utile
aptus patrōnus ad dīcendum aptus	-a, -um	passend, geeignet ein Anwalt, der geschickt im Verhandeln ist	
idōneus Putāmus tē idōneum, quī hōc mūnere fungāris.	-a, -um	geeignet Wir halten dich für fähig, dieses Amt auszuüben.	
commodus	-a, -um	angemessen; günstig; angenehm	D kommod (bequem, angenehm)
opportūnus Nox ēruptiōnī opportūna est.	-a, -um	geeignet; günstig Die Nacht ist günstig für einen Ausbruch.	**Falsche Freunde!** D Opportunist

dīgnus Sē dignum māiōribus suīs praebuit.	-a, -um	würdig Er hat sich seiner Vorfahren würdig erwiesen.	F digne

indīgnus	-a, -um	unwürdig	F indigne
probus	-a, -um	tüchtig, rechtschaffen	**Falsche Freunde!** D probat (geeignet)
improbus	-a, -um	unredlich, schlecht	
pulcher	pulchra, pulchrum	schön, vortrefflich	
turpis	turpe, *Gen.* turpis	hässlich; schändlich	
clārus	-a, -um	hell; klar; berühmt	E clear F clair
sordidus	-a, -um	schmutzig; gemein	
cārus	-a, -um	lieb; teuer	F cher
Suōs quisque habet cārōs.		Jeder hängt an seinen Angehörigen.	
singulāris	singulāre, *Gen.* singulāris	einzeln; einzigartig	D Singular E singular F le singulier
ēgregius	-a, -um	ausgezeichnet; ruhmreich	
īnsīgnis	īnsīgne, *Gen.* īnsīgnis	hervorragend; auffallend	
īnsīgnis calamitās		eine denkwürdige Niederlage	
illūstris	illūstre, *Gen.* illūstris	hell, leuchtend; berühmt	F illustre
praeclārus	-a, -um	glänzend, ausgezeichnet; berühmt	
ingēns	*Gen.* ingentis	ungeheuer, gewaltig	
immānis	immāne, *Gen.* immānis	ungeheuer, riesig	
bēstia vāsta et immānis		eine gewaltige (fürchterliche/riesige) Bestie	
tenuis	tenue, *Gen.* tenuis	dünn, zart; schwach	
mīrus	-a, -um	wunderbar, erstaunlich	D Mirakel E miracle F un miracle
mīrum in modum		auf wunderbare Weise	
mīrārī	mīror, mīrātus sum	bewundern; sich wundern	

admīrārī	admīror, admīrātus sum	bewundern; sich wundern	E to admire F admirer
vehementer admīrāns		voller Bewunderung	
Admīror in homine esse tantam scientiam!		Ich staune, dass ein Mensch so viel Wissen besitzen kann!	

Gegensätze ziehen sich an!

bonus	gut		malus	schlecht
melior	besser		peior	schlechter
bonum	Gut, das Gute		malum	Übel, Leid
bene	gut		male	schlecht
laudāre	loben		reprehendere	tadeln
dīgnus	würdig, wert	⟷	indīgnus	unwürdig
probus	tüchtig, rechtschaffen		improbus	unredlich, schlecht
pulcher	schön, vortrefflich		turpis	hässlich, schändlich
clārus	hell, klar; berühmt		sordidus	schmutzig; gemein

15 Fragen und Untersuchen

quaerere	quaerō, quaesīvī, quaesītum	suchen; fragen	
Dē vī eius verbī quaeritur?		Nach der Bedeutung dieses Wortes wird gefragt.	
Quaesīvit, sī incolumēs ēvāsissent.		Er erkundigte sich, ob sie unversehrt herausgekommen seien.	
Quaesītum est ex Caesare, quid fierī vellet.		Man fragte Caesar, was nach seinem Willen geschehen solle.	
Eum in urbe quaesīvērunt.		Man hat in Rom nach ihm gesucht.	
quaestiō	quaestiōnis f.	Untersuchung; Frage	E question F une question

inquīrere	inquīrō, inquīsīvī, inquīsītum	untersuchen, nachforschen; aufsuchen	
requīrere	requīrō, requīsīvī, requīsītum	aufsuchen; nachforschen; verlangen	E (to) request
exquīrere	exquīrō, exquīsīvī, exquīsītum	aussuchen; durchsuchen; untersuchen; erforschen; sich erkundigen; verlangen	D Exquisit
investīgāre	investīgō, investīgāvī, investīgātum	aufspüren, ausfindig machen	E to investigate **Falsche Freunde!** D investieren E to invest
vestīgium	vestīgiī n.	Spur; Standort	
invenīre	inveniō, invēnī, inventum	auf etw. stoßen, finden, entdecken	**Falsche Freunde!** D Inventur
reperīre	reperiō, repperī, repertum	wiedergewinnen; finden	**Falsche Freunde!** D reparieren F réparer
Reperiuntur, quī, quod sentiunt, nōn audeant dīcere.		Es gibt Leute, die ihre Meinung nicht zu sagen wagen.	
vērum reperīre		die Wahrheit ermitteln	
disputāre	disputō, disputāvī, disputātum	erörtern, untersuchen	D Disput E to dispute F disputer, une dispute
interrogāre	interrogō, interrogāvī, interrogātum	fragen	F interroger
Dominus servum quaedam dē hāc rē interrogāvit.		Der Herr stellte seinem Diener einige Fragen in dieser Sache.	
respondēre	respondeō, respondī, respōnsum	antworten	F répondre, une réponse
Quōmodo?/ Quemadmodum?		Wie?, Auf welche Weise?	F Comment?
Quā?		Wie?, Auf welche Weise?	
Quī?		Wie?, Wie denn?	**Falsche Freunde!** F Qui? (Wer?)

Quīn?/quin		Warum nicht? / dass *Konj.*	
Quīn experiāmur?		Warum versuchen wir es nicht?	
Nōn dubitō (dubium nōn est), quīn hoc vērum sit.		Ich zweifle nicht (Es ist nicht zweifelhaft), dass dies wahr ist.	
quīn etiam		ja sogar	
Quis?/ Quid?		Wer?/Was?	
Quid novī?		Was gibt es Neues?	
Quisnam?/ Quidnam?		Wer denn?/Was denn?	
Quī?/Quae?/Quod?		Welcher …?/Welche …?/Welches …?	
Uter?/Utra?/Utrum?	*Gen.* utrīus; *Dat.* utrī	Wer (von beiden)?	
uterque	utraque, utrumque	jeder (von beiden)	
neuter	neutra, neutrum	keiner (von beiden)	D Neutrum; neutral F neutre (neutral)
alter	altera, alterum *Gen.* alterīus; *Dat.* alterī	der eine/der andere (von beiden)	F autre

> ❗ *Alter ego* (Das andere Ich): Diese Bezeichung geht auf Cicero zurück und ist heutzutage ein geflügeltes Wort in vielen Sprachen. Der Begriff kann ein intensives Verhältnis zwischen zwei Personen bezeichnen, wenn eine Person für die andere eine besonders starke Identifikationsfigur und gewissermaßen zu einem Teil der eigenen geworden ist.

-ne	etwa, ob, ob etwa *(Signal für eine Satzfrage)*	
Tōtane urbs ārsit?	Hat (etwa) die ganze Stadt gebrannt?	
nōnne	doch wohl, nicht *(Signal für eine Satzfrage)*	
Canis nōnne similis est lupō?	Ist der Hund nicht tatsächlich dem Wolf ähnlich?	
num	(ob) etwa *(Signal für eine Satzfrage; Antwort „nein" erwartet)*	
Dic, num fidem eī habeās?	Sag, du glaubst ihm doch nicht etwa?	

an	oder *(im Fragesatz)*; etwa, ob *(in indirekter Frage)*	
An quisquam dubitat?	Oder hat jemand Bedenken?	
Haud sciō an haec satis sint.	Ich weiß nicht, ob das genug ist.	
sī	ob (vielleicht) *(in indirekter Frage)*	F sī
Sī perrumpere possent, cōnātī sunt.	Sie versuchten, ob sie durchbrechen könnten.	
utrum … an	ob … oder *(in indirekter Frage)*	

Gegensätze ziehen sich an!

interrogāre	fragen	⟷	**respondēre**	antworten

Wortfragen

Ort; Zeit	
Ubī?	Wo?
Quā?	Wohin?
Unde?	Woher?
Quandō?	Wann?

Grund	
Cūr?	Warum?
Quīn?	Warum nicht?

Art u. Weise; Zahl	
Quōmodo? Quemadmodum?	Wie?/Auf welche Weise?
Quā?	Wie?/Auf welche Weise?
Quī?	Wie?/Wie denn?
Quīn?	Wie denn nicht?
Quālis? Quantus?	Wie? Wie groß?/Wie viel?
Quot? Quotiēns?	Wie viele? Wie oft?

Identität	
Quis?	Wer?
Quid?	Was?
Quisnam?	Wer denn?
Quidnam?	Was denn?
Quī?	Welcher?
Quae?	Welche?
Quod?	Welches?
Uter?	Wer von
Utra?/Utrum?	beiden?

Satzfragen

direkte Frage	
Verb + -ne?	etwa? ob? ob etwa?
nōnne?	doch wohl? nicht?
num?	denn? etwa?

indirekte Frage	
an	etwa, ob
sī	ob (vielleicht)
utrum … an	ob … oder

16 Wollen, Streben

velle	volō (vīs, vult, vultis), voluī	wollen	F vouloir
Velim mihi īgnōscās!		Bitte verzeih mir!	
nōlle (nōn)	nōlō (nōn vīs, nōn vult, nōn vultis), nōluī	nicht wollen	
Nōlī mē tangere!		Rühr mich nicht an!	
Nōllem haec dīxissem!		Hätte ich dies doch bloß nicht gesagt!	
voluntās	voluntātis f.	Wille, Wunsch	F la volonté
voluntāte		mit Zustimmung; freiwillig	
benevolentia	benevolentiae f.	Wohlwollen	E benevolent (wohlwollend, gütig) F bienveillant
mālle (magis)	mālō (māvīs, māvult, māvultis), māluī	lieber wollen	
Catō esse quam vidērī bonus mālēbat.		Cato wollte lieber gut sein als gut scheinen.	
sponte *(Abl.)*		aus eigenem Willen; absichtlich, von selbst	D spontan E spontaneous F spontané
ultrō		hinüber; noch dazu; freiwillig	
ultrō citrōque		hinüber und herüber, hin und her	
libenter		gern, mit Lust und Vergnügen	
invītus	-a, -um	unwillig, ungern	**Falsche Freunde!** E to invite E inviter
Mē invītō discessit.		Er ist gegen meinen Willen fortgegangen.	
libet	libuit *oder* libitum est	es beliebt, es gefällt	
libīdō	libīdinis f.	Lust, Begierde; Willkür	D Libido
dēsīderāre	dēsīderō, dēsīderāvī, dēsīderātum	ersehnen; vermissen	E to desire (wünschen) F désirer
optāre	optō, optāvī, optātum	wünschen, wählen	D Option
Optō, ut beātus sīs.		Ich möchte, dass du glücklich bist.	

dēligere	dēligō, dēlēgī, dēlēctum	wählen, auswählen	**Falsche Freunde!** D delegieren E to deligate F déléguer
locum colloquiō (Dat.) dēligere		einen Platz für die Unterredung wählen	
cupere	cupiō, cupīvī, cupītum	wünschen, begehren	
Nēmō est, quī nōn līberōs suōs incolumēs et beātōs esse cupiat.		Es gibt niemand, der nicht wünschte, dass seine Kinder gesund und glücklich sind.	
cupidus	-a, -um	begierig	F cupide
audiendī cupidus		neugierig (zu hören)	
cupīdō und cupiditās	cupīdinis f. cupiditātis f.	Begierde, Leidenschaft	

studēre	studeō, studuī	sich bemühen, streben; studieren	D studieren E to study
litterīs (Dat.) studēre		sich mit Literatur befassen	
Fīlius studēbat, ut mox domum redīret.		Der Sohn gab sich Mühe, bald wieder nach Hause zu kommen.	
studium	studiī n.	Eifer, (wissenschaft-liche) Beschäftigung	D Studium
petere	petō, petīvī, petītum	(zu einem Ort) eilen, hingehen; (nach etw.) streben	
Rōmam petere		nach Rom reisen	
cōnsulātum petere		sich um das Konsulat bewerben	
adversārium ferrō petere		dem Feind mit der Waffe zu Leibe rücken	
prōficere	prōficiō, prōfēcī, prōfectum	vorankommen; nützen; wirken	**Falsche Freunde!** F profiter (profitieren)
Nihil in oppūgnātiōne prōfēcit.		Er kam mit dem Sturm auf die Stadt nicht weiter.	
impetus	impetūs m.	Antrieb, Schwung; Angriff	D Impetus
impetū magis quam cōnsiliō		mehr mit Begeiste-rung als mit Über-legung	

appetere	appetō, appetīvī, appetītum	begehren; angreifen	D Appetit E appetite F l'appétit f.
vītāre	vītō, vītāvī, vītātum	aus dem Wege gehen; meiden	F éviter
oculōs hominum vitāre		den Blicken der Menschen ausweichen	

Wunschpartikeln

ut(ī)	*(+ Konjunktiv)*	dass (doch)	
Cūrā, ut valeās!		Sieh zu, dass du gesund bleibst!	
utinam		wenn doch	
Utinam pater hunc diem vīdisset!		Wenn doch der Vater diesen Tag noch erlebt hätte!	
utinam nē		wenn nur nicht	

Gegensätze ziehen sich an!

velle	wollen		nōlle	nicht wollen
libenter	gern	⟵⟶	invītus	unwillig, ungern
appetere	angreifen		vītāre	aus dem Weg gehen; meiden

Steigerung im Ausdruck des Wünschens

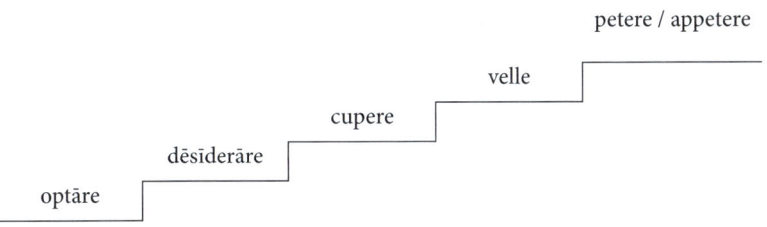

petere / appetere

velle

cupere

dēsīderāre

optāre

17 Sprechen

vōx	vōcis *f.*	Stimme; Laut; Wort	E voice F la voix
vocāre in iūs vocāre	vocō, vocāvī, vocātum	rufen; nennen; bezeichnen vor Gericht laden	
advocāre	advocō, advocāvī, advocātum	herbeirufen; berufen; anrufen	D Advokat, Rechtsanwalt
ēvocāre testēs ēvocāre	ēvocō, ēvocāvī, ēvocātum	herausrufen; vorladen Zeugen vorladen	
verbum	verbī *n.*	Wort	D Verb E verb F le verbe
nōmen	nōminis *n.*	Name; Begriff	D Nomen E noun F le nom
nōmināre Omnia Graeca nōmināta sunt.	nōminō, nōmināvī, nōminātum	nennen, benennen Alles hat griechische Bezeichnungen.	D Nominativ
lingua	linguae *f.*	Zunge; Sprache	E language F la langue, le langage
loquī Crassus Graecē sīc loquitur, nūllam ut nōvisse aliam linguam videātur.	loquor, locūtus sum	sprechen, reden Crassus spricht Griechisch so, als kenne er keine andere Sprache.	

 Rōma locūta, causa finīta. (Rom hat gesprochen, die Sache ist beendet.) Dieser Satz, der auf den Kirchenvater Augustinus zurückgeht, drückt noch heute die Unanfechtbarkeit bestimmter Entscheidungen aus; über diese Machtbefugnis verfügt zum Beispiel der Papst innerhalb der katholischen Kirche.

colloquium	colloquiī *n.*	Unterredung, Gespräch	D Kolloquium
ēloquentia	ēloquentiae *f.*	Beredsamkeit; Redegewandtheit	D Eloquenz E eloquence F l'éloquence *f.*
ōrātor	ōrātōris *m.*	Redner	
ōrātiō ōrātiōnem habēre	ōrātiōnis *f.*	Rede eine Rede halten	

dīcere	dīcō, dīxī, dictum	sagen, sprechen	F dire
Quis tibi dīxit, ut hunc librum scrīberēs?		Wer hat dir gesagt, dass du dieses Buch schreiben sollst?	
vērum dīcere		die Wahrheit sagen	
dictum	dictī *n.*	Wort; Äußerung	D Diktum
sententia	sententiae *f.*	Meinung; Satz; Spruch	E sentence
senātōrēs sententiam rogāre		die Senatoren abstimmen lassen	
sententiam dīcere		seine Stimme abgeben	
fārī	for, fātus sum	sprechen; verkünden	
sermō	sermōnis *m.*	Gespräch; Rede	D Sermon
esse in sermōne omnium		in aller Munde sein	E sermon ([Moral-] Predigt) F le sermon
fābula	fābulae *f.*	Gerede; Erzählung, Geschichte; Theaterstück	D Fabel F une fable
fāma	fāmae *f.*	Gerücht, (guter/ schlechter) Ruf	**Falsche Freunde!** E fame (Ruhm)
fatērī	fateor, fassus sum	gestehen, etw. eingestehen	
cōnfitērī	cōnfiteor, cōnfessus sum	gestehen, bekennen	
Reī (crīmina) cōnfessī sunt.		Die Angeklagten haben (ihre Verbrechen) gestanden.	
Quōmodo rēs sē habēret, cōnfessus est.		Er hat zugegeben, wie sich die Sache verhielt.	
tacēre	taceō, tacuī, tacitum	schweigen, etw. verschweigen	F se taire
Quī tacet, cōnsentīre vidētur.		Wer schweigt, scheint einverstanden zu sein.	
tacitus	-a, -um	verschwiegen, schweigsam	
silentium	silentiī *n.*	Schweigen; Stille; Ruhe	E silence F le silence
silentiō praeterīre		mit Schweigen übergehen, unerwähnt lassen	

appelläre	appellō, appellāvī, appellātum	ansprechen, (be)nennen	D appellieren F appeler ([an]rufen)
Videt in turbā Verrem, appellat hominem et ei maximā vōce gratulātur.		Er sieht im Gedränge Verres, ruft den Kerl beim Namen und wünscht ihm mit lauter Stimme Glück.	
salūtāre	salūtō, salūtāvī, salūtātum	(be)grüßen	D Salut, salutieren F saluer
Salvē!/Salvēte!		Sei(d) gegrüßt!/ Leb(t) wohl!	
recitāre	recitō, recitāvī, recitātum	vorlesen, vortragen	D rezitieren F réciter
nārrāre	nārrō, nārrāvī, nārrātum	erzählen	E narrator F le narrateur
commemorāre	commemorō, commemorāvī, commemorātum	erwähnen, anführen	
nūntiāre	nūntiō, nūntiāvī, nūntiātum	melden, verkünden	
ēnūntiāre	ēnūntiō, ēnūntiāvī, ēnūntiātum	aussprechen, ausdrücken; verraten	
nūntius	nūntiī *m.*	Bote; Nachricht	
dēferre	dēferō, dētulī, dēlātum	überbringen, übertragen	
referre	referō, rettulī, relātum	bringen; berichten	D referieren **Falsche Freunde!** E to refer to (sich beziehen auf) F se référer à (sich beziehen auf)
rēfert		es kommt darauf an	
Id nihil rēfert.		Das ist unwichtig.	
dēclārāre	dēclārō, dēclārāvī, dēclārātum	verkünden; erklären	D deklarieren E to declare F déclarer
Cicerō cōnsul est dēclārātus.		Cicero ist zum Konsul ausgerufen worden.	
praedicāre	praedicō, praedicāvī, praedicātum	öffentlich ausrufen/ preisen	
explicāre	explicō, explicāvī *oder* explicuī, explicātum *oder* explicitum	erörtern, erklären	F expliquer

disserere	disserō, disseruī, dissertum	über etw. sprechen, erörtern	**D** Dissertation (Doktorarbeit)
Petō, ut, inter quōs disseritur, conveniat, quid sit id, dē quō disserātur (disputētur).		Ich verlange, dass zwischen Diskussionsteilnehmern Einigkeit darüber herrscht, worüber eigentlich diskutiert werden soll.	
expōnere	expōnō, exposuī, expositum	auseinandersetzen; darlegen	
prōpōnere	prōpōnō, prōposuī, prōpositum	vorlegen, vorschlagen, in Aussicht stellen	**E** to propose **F** proposer
aliquid prō certō prōpōnere		etwas als gewiss hinstellen	
aliquid animō *(Dat.)* prōpōnere		sich etwas vornehmen	
prōmittere	prōmittō, prōmīsī, prōmissum	versprechen, in Aussicht stellen	**E** (to) promise **F** promettre
pollicērī	polliceor, pollicitus sum	versprechen	
Sē omnia, quae imperāsset, factūrōs esse pollicitī sunt.		Sie versprachen, alles zu tun, was er anordnen würde.	
mentīrī	mentior, mentītus sum	lügen	**F** mentir
vērum dicere		die Wahrheit sagen	
affirmāre	affirmō, affirmāvī, affirmātum	bekräftigen; behaupten	**F** affirmer
Sīc dēcernō, sīc sentiō, sīc affirmō nūllam omnium rērum pūblicārum cōnferendam esse cum eā.		So entscheide ich, das ist meine Ansicht und ich behaupte es mit Nachdruck, dass keine andere Staatsverfassung mit dieser verglichen werden kann.	
contendere	contendō, contendī, contentum	behaupten	
Apud senātōrēs contendit falsa eīs esse dēlāta.		Vor den Senatoren behauptete er, ihnen sei Falsches berichtet worden.	

51

profectō	*Adv.*	in der Tat, sicherlich	
Profectō in suōs fīnēs sē recipient.		Sie werden sich bestimmt auf ihr Gebiet zurückziehen.	
plānē	*Adv.*	deutlich, völlig	**Falsche Freunde!**
plānē scrībere		klar und deutlich schreiben	D (Abdeck-)Plane E plane (Flugzeug)
sānē	*Adv.*	gewiss; allerdings	
negāre	negō, negāvī, negātum	verneinen, leugnen, verweigern	D negieren F nier
Negat sē meminisse.		Er sagt, er erinnere sich nicht.	
Id sibi negārī vīdit.		Er sah, dass ihm dies verweigert würde.	
abdicāre	abdicō, abdicāvī, abdicātum	absagen, verweigen	
obsecrāre	obsecrō, obsecrāvī, obsecrātum	beschwören, anflehen	
ōrāre atque obsecrāre		inständig bitten	
supplex	*Gen.* supplicis	demütig bittend, flehentlich	
invehī	invehor, invectus sum	auf jdn. losfahren, schimpfen	
Ōrātiōne graviter in eum invectus est.		Er hat ihn in seiner Rede scharf angegriffen.	
lacerāre	lacerō, lacerāvī, lacerātum	zerreißen, verunglimpfen	
minae	minārum *f. Pl.*	Drohungen	
querī	queror, questus sum	klagen, sich beklagen	
clāmāre	clāmō, clāmāvī, clāmātum	schreien, (laut) rufen	
clāmor	clāmōris *m.*	Geschrei, Lärm	E (to) clamour F la clameur
silentiō praeterīre		mit Schweigen übergehen, unerwähnt lassen	

Gegensätze ziehen sich an!

mentīrī	lügen		**vērum dicere**	die Wahrheit sagen
clāmor	Lärm	⟷	**silentium**	Schweigen
cōnfitērī	eingestehen		**tacēre**	schweigen, etw. verschweigen

Einleitung einer wörtlichen Rede

inquam; inquit	sag(t)e ich; sagt(e) er (sie)
dīcit, dīcēbat, dīxit	sagt(e) er (sie)
āit; āiunt	sagt(e) er/sie; sag(t)en sie behauptet(e) er/sie; behaup(te)ten sie
ut āiunt	wie man sagt

18 Sprecher und Adressaten

egō	ich	D Ego, Egoist
equidem	ich *(für meine Person)*	
nōs	wir	F nous
meus, mea, meum	mein, meine, mein	E my F mon, ma, mes
noster, nostra, nostrum	unser, unsere, unser	F notre
hic, haec, hoc	dieser, diese, dieses hier	
tū	du	F tu
vōs	ihr	F vous
tuus, tua, tuum	dein, deine, dein	F ton, ta, tes
vester, vestra, vestrum	euer, eure, euer	F votre
iste, ista, istud	dieser, diese, dieses da	
Quamdiū etiam furor iste tuus nōs ēlūdet?	Wie lange wird dein Wahnsinn noch sein Spiel mit uns treiben?	
is, ea, id	er, sie, es; dieser, diese, dieses	E i. e. (id est = d. h.)
ille, illa, illud	der, die, das dort ; jener, jene, jenes dort	
illud Catōnis	Catos bekannter Ausspruch …	
ipse, ipsa, ipsum	er, sie, es selbst	
Sī sē ipsī laudant, opus nōn est aliōs eōs laudāre.	Wenn sie sich selbst loben, brauchen andere sie nicht zu loben.	

suī *Gen.*	sibī *Dat.* sē *Akk.* sē *Abl.; reflexiv*	seiner, sich	F se
Caesar mīlitēs hortātus est, ut sē sequerentur.		Caesar forderte die Soldaten auf, ihm zu folgen.	
Iūstitia per sēsē colenda est.		Die Gerechtigkeit muss um ihrer selbst willen hochgehalten werden.	
suus, sua, suum	*reflexiv* *reflexiv*	sein, seine, sein; ihr, ihre, ihr	F son, sa, ses
Videt amīcum suum.	*nicht reflexiv*	Er sieht seinen Freund. / Sie sieht ihren Freund.	
Amīcus eius adest.	*nicht reflexiv*	Sein *(eines Mannes)* Freund ist da. / Ihr *(einer Frau)* Freund ist da.	
Amīcus eōrum (eārum) adest.		Ihr *(von mehreren Personen)* Freund ist da.	
quī, quae, quod		der, die, das; welcher, welche, welches; wer (was)	F qui
Quod fēcistī, bonum est		Was du getan hast, ist gut.	
is, quī		derjenige, der	

19 Unbestimmtheit, Negation

aliquis, aliquid	*(substantivisch)*	irgendwer, irgendwas	
quis, quid *(nach sī, nisī, nē, num)*		(irgend)wer, (irgend)was	
Num quis adsit, interrogō.		Ich frage, ob da jemand ist.	
quisquam, quicquam	*(in verneinten Sätzen und rhetorischen Fragen)*	(überhaupt) jemand, (überhaupt) etwas	
Haec negat sine philosophiā quemquam nōvisse posse.		Er behauptet, dass dies keiner ohne Kenntnisse der Philosophie wissen könne.	

aliquī, aliqua(e), aliquod	*Adj.*	irgendein, irgendeine, irgendein
sine aliquō timōre		ohne irgendwelche Furcht
nōn sine aliquā dubitātiōne		nicht ohne Bedenken
ūllus, ūlla, ūllum	*Gen.* ūllīus, *Dat.* ūllī *(in verneinten Sätzen und rhetorischen Fragen)*	(überhaupt) ein, eine, ein
sine ūllā dubitātiōne		ohne jedes Bedenken
quīdam, quaedam, quoddam		ein, eine, ein bestimmte(r, s)
	(Pl.) quīdam, quaedam	einige, gewisse
	(substantivisch) homō incrēdibilī quādam māgnitūdine ingeniī	jemand, etwas ein Mensch von geradezu unglaublich hoher Begabung
quisque, quaeque, quidque/quodque		jeder, jede, jedes
optimus quisque		gerade die Besten
Quō quisque est iūnior, eō est audācior.		Je jünger jemand ist, desto waghalsiger ist er.
ūnusquisque, -quaeque, -quidque *oder* **-quodque**		jeder, jede, jedes einzelne
Unusquisque opīniōnēs fingēbat.		Jeder Einzelne stellte seine Vermutungen an.
quīvīs, quaevīs, quodvīs		jeder, jede, jedes beliebige
Cuivīs facile fuit intellēctū.		Das war wirklich für jeden leicht zu verstehen.
quīcumque, quaecumque, quodcumque *und* **quisquis, quidquid**		wer auch immer; jeder (jede, jedes), der (die, das)
Quemcumque rogāveris, idem respondēbit.		Jeder, den du fragst, wird dir die gleiche Antwort geben.
quōquō modō rēs sē habet		wie dem auch sei

fermē *oder* **ferē**	*Adv.*	fast, etwa, ungefähr	**Falsche Freunde!**
eōdem ferē tempore		ungefähr zur gleichen Zeit	F fermé (geschlossen) F faire (machen)
paene	*Adv.*	beinahe, fast	
Pōns paene refectus erat.		Die Brücke war fast schon wieder fertig.	
circiter	*Adv.; auch: Präp.+ Akk.*	ungefähr	D circa, ca.
Erant numerō circiter mīlle.		Es waren ungefähr Tausend an der Zahl.	
nōn		nicht	F non
nōn nesciō		ich weiß ganz genau	
haud		nicht	
haud difficile		kinderleicht	

Handeln

20 Handeln im Allgemeinen

facere	faciō, fēcī, factum	tun, machen, herstellen	F faire
facultās itineris faciendī		Wegerecht, Reiseerlaubnis	
difficile dictū (factū)		schwer zu sagen (zu tun)	
factum	factī *n.*	Handlung, Tat; Tatsache	D Fakt, E fact F le fait
facinus	facinoris *n.*	Handlung; Untat	
efficere	efficiō, effēcī, effectum	hervorbringen, bewirken	D Effekt E effect F l'effet *m.*
Virtūs sōla efficit vītam beātam.		Nur die Tugend macht ein Leben glücklich.	
cōnficere	cōnficiō, cōnfēcī, cōnfectum	fertig machen, vollenden	
itinere cōnfectus		von der Reise erschöpft	
perficere	perficiō, perfēcī, perfectum	ausführen, vollenden	
facilis	facile, *Gen.* facilis	leicht (zu tun)	F facile
difficilis	difficile, *Gen.* difficilis	schwierig	D diffizil, E difficult F difficile
facultās	facultātis *f.*	Möglichkeit; Fähigkeit; Erlaubnis	E faculty (Fähigkeit) F la faculté
facultās dīcendī		Redetalent	

 Die *facultās docendī* (Lehrbefähigung) ist heutzutage die Qualifikation, die Lehrende an Universitäten und Gymnasien brauchen, um unterrichten zu dürfen.

difficultās	difficultātis *f.*	Schwierigkeit	E difficulty, F la difficulté
agere	agō, ēgī, āctum	treiben, betreiben, handeln; verhandeln	D agieren E to act F agir
Nōlī agere temere!		Handle nicht unbedacht!	
Id populus ēgit, ut rem suam reciperet.		Das Volk hat sich darum bemüht, seine Macht wiederzugewinnen.	→

cum plēbe dē condiciōnibus agere		mit dem Volk über die Bedingungen verhandeln	
agitāre	agitō, agitāvī, agitātum	eifrig betreiben; erwägen	D agitieren F agiter
rem pūblicam sēditiōnibus (Abl.) agitāre		das Gemeinwesen durch Aufstände in Unruhe versetzen	
exigere	exigō, exēgi, exāctum	eintreiben, einfordern; ausführen, vollenden	F exiger (fordern)
peragere	peragō, perēgī, perāctum	durchführen, vollenden	
redigere	redigō, redēgī, redāctum	zurücktreiben; in einen Zustand/eine Lage bringen	D redigieren F rédiger
in diciōnem (potestātem) redigere		unterwerfen	
creāre	creō, creāvī, creātum	hervorbringen, erschaffen	D kreieren, E to create F créer
efferre	efferō, extulī, ēlātum	hinaustragen, hervorbringen; emporheben	
laetitiā victōriae ēlātī		aus Siegesfreude in Hochstimmung	
animī mōtūs efferre		Gefühlsregungen zeigen	
ēdere	ēdō, ēdidī, ēditum	herausgeben, vollbringen	D Edition
reddere	reddō, reddidī, redditum	zurückgeben; machen zu	
cīvibus lībertātem reddere		den Bürgern die Freiheit zurückgeben	
mare tūtum reddere		das Meer sicher machen	
committere	committō, commīsī, commissum	zustande bringen, veranstalten; anvertrauen	E to commit (etw. begehen) F commettre (etw. begehen, verüben)
lūdōs committere/ cōnficere		Spiele veranstalten	
caedem committere		einen Mord begehen	
cōnsulibus urbem tuendam committere		den Konsuln den Schutz der Stadt anvertrauen	

tractāre	tractō, tractāvī, tractātum	behandeln; sich beschäftigen mit	E to treat (behandeln) F traiter
adhibēre mēdicum adhibēre diligentiam adhibēre	adhibeō, adhibuī, adhibitum	hinzuziehen, anwenden den Arzt hinzuziehen Umsicht walten lassen	
exercēre	exerceō, exercuī, exercitum	üben, ausüben	E to exercise F exercer

Gegensätze ziehen sich an!

facilis	leicht		difficilis	schwierig
facultās	Möglichkeit, Fähigkeit	⟵⟶	difficultās	Schwierigkeit

21 Absicht, Plan, Entschluss

intendere Iter in Hispāniam intendit.	intendō, intendī, intentum	beabsichtigen; anspannen, richten auf Er plant eine Spanienreise.	D intendieren E to intend F l'intention (de faire qc)
cōgitāre Sē in castra recipere cōgitāvit. Cōgitābat, ut exercitum incolumem redūceret. Quemadmodum victōriā ūterentur, cōgitābant. dē nātūrā deōrum cōgitāre	cōgitō, cōgitāvī, cōgitātum	denken; beabsichtigen Er hatte vor, sich ins Lager zurückzuziehen. Er gedachte das Heer ohne Verluste zurückzuführen. Sie überlegten, wie sie den Sieg nutzen könnten. über das Wesen der Götter nachdenken	

❗ *Cogito ergo sum!* (Ich denke, also bin ich.)
René Descartes (1569–1650)

meditārī Proficīscī meditātur.	meditor, meditātus sum	nachdenken; sich vorbereiten Er gedenkt abzureisen.	D meditieren E to meditate F méditer
parāre	parō, parāvī, parātum	(vor-)bereiten, (sich) verschaffen	E to prepare F préparer

❗ Zum Verwechseln ähnlich: *parere* (hervorbringen; gewinnen, erwerben);
parēre (gehorchen) ; *parāre* (vorbereiten, sich verschaffen)

cōnsulere	cōnsulō, cōnsuluī, cōnsultum	um Rat fragen, beratschlagen; beschließen	D konsultieren E to consult F consulter
ōrāculum cōnsulere		das Orakel befragen	
cum amīcīs dē commūnibus rēbus cōnsulere		mit Freunden die gemeinsamen Angelegenheiten besprechen	
cōnsilium	cōnsiliī n.	Rat, Plan; Beratung; Beschluss	E counsel (Rat) F le conseil
urbis oppūgnandae cōnsilium (= cōnsilium urbem oppūgnandī)		Plan zum Sturm auf die Stadt	
Quid suī cōnsiliī sit, ostendit.		Er legte seinen Plan dar.	
cōnsilium habēre		beratschlagen	
cōnsilium capere		einen Entschluss fassen	

cōnārī	cōnor, cōnātus sum	versuchen	
temptāre oder tentāre	temptō, temptāvī, temptātum oder tentō, tentāvī, tentātum	betasten; versuchen	
vadum flūminis tentāre		sich durch die Untiefe des Flusses wagen	
audēre	audeō, ausus sum	wagen	
Audentem fortūna iuvat.		Dem Mutigen hilft das Glück.	

 Sapere audē! (Wage weise zu sein.)
Horaz (65 – 8 v. Chr.)

audāx	Gen. audācis; Adv. audācter	kühn, frech	E audacious F audace
audācia	audāciae f.	Kühnheit, Frechheit	
dubitāre	dubitō, dubitāvī, dubitātum	zweifeln; zögern	E to doubt F douter
Quod dubitās, nē fēceris!		Tue nichts, woran du zweifelst!	
Mīlitēs trānsīre flūmen nōn dubitāvērunt.		Die Soldaten durchquerten ohne Zögern den Fluss.	
Nōn dubitō, quīn …		Ich zweifle nicht, dass …	

dubius	-a, -um	zweifelhaft, bedenklich	D dubios
Nūllī erat dubium, quid ille fēcisset.		Jedem war klar, was dieser Mann getan hatte.	E dubious
sine dubiō		ohne Zweifel	
cūnctārī	cūnctor, cūnctātus sum	zögern	
fortāsse		vielleicht	

dēcernere	dēcernō, dēcrēvī, dēcrētum	entscheiden; beschließen	
statuere und cōnstituere	statuō, statuī, statūtum und cōnstituō, cōnstituī, cōnstitūtum	aufstellen; festsetzen, beschließen	
Statuīt, quid esset faciendum.		Er gab Anordnungen, was zu tun sei.	

īnstituere	īnstituō, īnstituī, īnstitūtum	einrichten; beginnen; unterrichten	D Institut
Oppidum oppūgnāre īnstituit.		Er begann mit dem Sturm auf die Stadt.	E institute
Hīs cōnsulibus aedis Sāturnō dēdicāta, Sāturnālia īnstitūtus festus diēs.		Unter diesen Konsuln wurde dem Saturn der Tempel geweiht und wurden die Saturnalien als Festtage eingerichtet.	F l'institut
īnstitūtum	īnstitūtī n.	Einrichtung; Vorhaben	
īnstitūta māiōrum		die Bräuche der Vorfahren	
placet	placuit, placitum est	man beschließt	
Patribus (Dat.) placuit ōrātōrem ad plēbem mittī.		Die Senatoren beschlossen, einen Sprecher zur Plebs zu schicken.	
vidētur	vīsum est	es scheint richtig, man beschließt	
prōmptus	-a, -um	bereit, entschlossen	D E F prompt

Gegensätze ziehen sich an!

dubitāre	zweifeln, zögern	⟷	dēcernere	entscheiden, beschließen

61

22 Anfangen und Aufhören

incipere	incipiō, incēpī (häufiger coepi), inceptum	anfangen	
Rēs in senātū agī coepta est.		Man hat begonnen, die Sache im Senat zu verhandeln.	
prīncipium	prīncipiī *n.*	Anfang; Grundlage	D Prinzip
ā prīncipiō		von Anfang an, anfangs	F le principe
prīncipia iūris		Rechtsgrundlagen	
fundāmentum	fundāmentī *n.*	Fundament; Grund, Grundlage	D Fundament
fundāmenta reī pūblicae		Grundlagen des Staates	
inīre	ineō, iniī, initum	hineingehen; beginnen	
magistrātum inīre		ein Amt antreten	
initium	initiī *n.*	Eingang; Anfang	
ingredī	ingredior, ingressus sum	betreten; sich einlassen auf	
Dē eā rē disputāre ingrediar.		Ich will mich auf eine Diskussion hierüber einlassen.	
adorīrī	adorior, adortus sum	herangehen; unternehmen	**Falsche Freunde!** E to adore (anbeten) F adorer
Librum scrībere adorior.		Ich mache mich daran, ein Buch zu schreiben.	
intermittere	intermittō, intermīsī, intermissum	unterbrechen	
praetermittere	praetermittō, praetermīsī, praetermissum	vorbeigehen lassen, übergehen	
silentiō *(Abl.)* praetermittere		unerwähnt lassen	
morārī	moror, morātus sum	(sich) aufhalten	
paucōs diēs Rōmae morārī		sich einige Tage in Rom aufhalten	
mora	morae *f.*	Aufschub, Verzögerung	

differre	differō, distulī, dīlātum	verbreiten; aufschieben; sich unterscheiden	D differieren E to differ F différer
rem in aliud tempus differre		die Angelegenheit auf einen anderen Zeitpunkt verschieben	
Quod differtur, nōn aufertur.		Aufgeschoben ist nicht aufgehoben.	
indīcāre	indīcō, indīxī, indictum sum	ankündigen	E to indicate F indiquer
pergere	pergō, perrēxī, perrēctum	fortsetzen, weitermachen	
cum populō agere pergere		die Verhandlung mit dem Volk fortsetzen	
iter coeptum pergere		die begonnene Reise fortsetzen	
prōgredī	prōgredior, prōgressus sum	weitergehen, Fortschritte machen	E (to) progress F le progrès
īnsequī	īnsequor, īnsecūtus sum	unmittelbar folgen; verfolgen	
fugientēs īnsequī		Flüchtende verfolgen	
cessāre	cessō, cessāvī, cessātum	zögern, nachlassen	F cesser (aufhören)
dēsinere	dēsinō, dēsiī, dēsitum	ablassen, aufhören	**Falsche Freunde!** F dessiner (zeichnen)
dēsistere	dēsistō, dēstitī, dēstitum	ablassen von, aufhören	
dē negōtiō dēsistere		von einer Unternehmung ablassen	
dēpōnere	dēpōnō, dēposuī, dēpositum	niederlegen, aufgeben	D deponieren F déposer (abstellen, niederlegen)
dēpōnere arma		die Waffen niederlegen	
dēpōnere errōrem		einen Fehler abstellen	
omittere	omittō, omīsī, omissum	loslassen, aufgeben	
cōnsilium omittere		einen Plan aufgeben	
retinēre	retineō, retinuī, retentum	festhalten, behalten	E to retain F retenir
veterem mōrem retinēre		die alte Lebensweise beibehalten	

Gegensätze ziehen sich an!

| differe | aufschieben | | pergere | fortsetzen, weitermachen |
| omittere | loslassen, aufgeben | ⟷ | retinēre | festhalten, behalten |

23 Erfolg und Misserfolg

parere	pariō, peperī, partum	gewinnen; erwerben	
Maximam laudem sibi peperit.		Er hat sich größten Ruhm erworben.	
comparāre	comparō, comparāvī, comparātum	vorbereiten; beschaffen, erwerben	**Falsche Freunde!** E to compare (vergleichen) F comparer
convīvium comparāre		ein Gastmahl ausrichten	
frūmentum comparāre		Getreide beschaffen	
auctōritātem sibi comparāre		sich Ansehen erwerben	
adipīscī	adipiscor, adeptus sum	erhalten, erringen, (durch Anstrengung) erlangen	
Summōs honōrēs ā senātū adeptus est.		Er erhielt vom Senat die höchsten Auszeichnungen.	
nancīscī	nancīscor, na(n)ctus sum	bekommen, (durch Zufall) erlangen	
Vehementem accūsātōrem nactī sumus.		Da sind wir aber an einen temperamentvollen Ankläger geraten.	
impetrāre	impetrō, impetrāvī, impetrātum	durchsetzen; (durch Bitten) erlangen	
Impetrāvit, quae vellet, ā patre.		Er hat von seinem Vater bekommen, was er wollte.	
assequī	assequor, assecūtus sum	einholen, erreichen	
Ut salvī essēmus, assecūtī sumus.		Es ist uns gelungen, unverletzt zu bleiben.	
cōnsequī	cōnsequor, cōnsecūtus sum	(unmittelbar) folgen, erreichen	D Konsequenz, konsequent E consequence F la conséquence
secundus	-a, -um	folgend, der zweite; günstig	E second F le second
haud ūllī veterum virtūte secundus		keinem der alten (Helden) an Tapferkeit nachstehend	
rēs secundae		Glück, glückliche Umstände	

contingere	contingō, contigī, contāctum	berühren, treffen; sich zutragen, zuteil werden	**Falsche Freunde!** D kontaktieren E to contact F contacter
Contigit eī, ut patriam līberāret.		Ihm gelang die Befreiung seiner Heimat.	
contentus	-a, -um	zufrieden	E content F content

peccāre	peccō, peccāvī, peccātūrus	einen Fehler machen, sich irren	F pécher (sündigen) **Falsche Freunde!** F pêcher (fischen, angeln)
peccāre in scrībendō		beim Schreiben Fehler machen	
errāre	errō, errāvī, errātum	(sich) irren, sich täuschen	
In dēligendō genere vītae errāvit.		Er hat sich bei der Berufswahl geirrt.	
Errāre hūmānum est!		Irren ist meschlich!	
error	errōris m.	Irrtum; Irrfahrt	E error F une erreur
venia	veniae f.	Verzeihung	
āmittere	āmittō, āmīsī, āmissum	wegschicken, aufgeben; verlieren	
tempus āmittere		Zeit verlieren	
perdere	perdō, perdidī, perditum	zugrunde richten; verlieren	F perdre (verlieren)

lucrum	lucrī n.	Gewinn, Vorteil	D lukrativ
damnum	damnī n.	Verlust, Schaden	E damage (Schaden)
Exercitum Caesar duārum cohortium damnō redūcit.		Caesar bringt das Heer nach dem Verlust zweier Kohorten zurück.	
dētrīmentum	dētrīmentī n.	Einbuße, Schaden	
incommodum	incommodī n.	Nachteil, Niederlage	
Reminīscātur veteris incommodī populī Rōmānī!		Er solle sich nur an die alte Niederlage des römischen Volkes erinnern!	
clādēs	clādis f.	Schaden, Niederlage	
clādem accipere		eine Niederlage erleiden	

calamitās	calamitātis *f.*	Schaden; Unglück	E calamity (Unglück) F la calamité (Katastrophe)
frūstrā Lēgātī frūstrā discessērunt.		vergeblich; umsonst Die Unterhändler trennten sich unverrichteter Dinge.	D frustriert F frustré

Gegensätze ziehen sich an!

lucrum	Gewinn, Vorteil		damnum	Verlust, Schaden
parere	gewinnen, erwerben	←→	perdere	verlieren, zugrunde richten

24 Bauen, Herstellen, Gestalten

aedificāre Nāvēs aedificandās ōrnandāsque cūrāvit.	aedificō, aedificāvī, aedificātum	bauen Er ließ Schiffe bauen und ausrüsten.	
aedificium	aedificiī *n.*	Gebäude	E edifice F une édifice
faber	fabrī *m.*	Handwerker, Arbeiter	

 Faber est suae quisque fortūnae. (Jeder ist seines Glückes Schmied.) Dieses Sprichwort wird von Sallust in seinem zweiten Brief an Caesar erwähnt und lebt im Deutschen wie auch in anderen Sprachen weiter, z. B. im Englischen: „Man forges his own destiny." oder umgangssprachlich „Life is what you make it.".

mūrus	mūrī *m.*	Mauer	F le mur
māteria	māteriae *f.*	Grundstoff; Bauholz; Ursache	D Material, E material F la matière
lapis	lapidis *m.*	Stein	
līgnum	līgnī *n.*	Holz	**Falsche Freunde!** F une ligne (Linie)
struere	struō, strūxī, strūctum	schichten, bauen	

īnstruere	instruō, īnstrūxī, īnstrūctum	aufstellen, ausrüsten; unterrichten	D instruieren E to instruct F instruire
aciem īnstruere		eine Schlachtreihe aufstellen	
domum omnibus rēbus īnstruere		ein Haus mit allem ausstatten	
Bene īnstrūctus vēnit ad causās.		Gut unterrichtet kam er zu den Gerichtsverhandlungen.	
īnstrūmentum	īnstrūmentī *n.*	Gerät, Werkzeug	D Instrument E instrument F un instrument
condere	condō, condidī, conditum	erbauen, gründen	
ab urbe conditā		seit Gründung der Stadt (Rom)	
ērigere	ērigō, ērēxī, ērēctum	aufrichten, errichten	
pōnere	pōnō, posuī, positum	stellen, setzen, legen	F poser
castellum in monte pōnere		ein Kastell auf einem Berg errichten	
positus	-a, -um	gelegen (bei Ortsbestimmungen), sich befindend	
compōnere	compōnō, composuī, compositum	ordnen, schlichten; abfassen	D komponieren E to compose (komponieren) E composer
contrōversiam compōnere		einen Streit beilegen	
commentārium cōnsulātūs compōnere		einen Bericht über die Amtszeit als Konsul abfassen	
texere	texō, texuī, textum	weben, flechten	
textum	textī *n.*	Gewebe, Gefüge	**Falsche Freunde!** D Text, E text F un texte
scindere	scindō, scidī, scissum	zerschneiden, zerteilen	
ōrnāre	ōrnō, ōrnāvī, ōrnātum	ausrüsten; schmücken	F orner (schmücken)
urbem māgnīs operibus ōrnāre		die Stadt mit Prachtbauten verschönern	
ōrnāmentum	ōrnāmentī *n.*	Ausrüstung; Schmuck	D Ornament
opus	operis *n.*	Werk, Arbeit; Anstrengung	D Opus
in opere occupātum esse		mit der Schanzarbeit (Ausheben von Gräben) beschäftigt sein	

opera	operae *f.*	Arbeit, Mühe	**Falsche Freunde!**
lēgibus condendīs (*Dat.*) operam dare		sich beim Ausarbeiten der Gesetze Mühe geben	E opera (Oper) F l'opéra
maximē dare operam		sich größte Mühe geben	
fingere	fingō, fīnxī, fictum	gestalten, bilden; sich (etw.) ausdenken	
simulacra fingere		Bildnisse gestalten	
fābulās fingere		sich Geschichten ausdenken	
vultum fingere		sich verstellen	
figūra	figūrae *f.*	Gebilde, Gestalt	E figure (Gestalt, Figur) F la figure (Gesicht)
tingere	tingō, tīnxī, tīnctum	benetzen, eintauchen, färben	

25 Geben und Nehmen

dare	dō, dedī, datum	geben	
Cōnsulibus senātus rem pūblicam dēfendendam dedit.		Der Senat betraute die Konsuln mit der Verteidigung des Staates.	
Id nē nōbīs crīminī dētur!		Das soll man uns nicht zum Vorwurf machen!	
Pater domum ei dōnō dedit.		Der Vater machte ihm ein Haus zum Geschenk.	

 Dō, ut dēs. („Ich gebe, damit du gibst."). Dieser Satz ist eine Rechtsformel u. a. für gegenseitige Verträge; er beschreibt darüber hinaus aber auch eine grundlegende Strategie sozialen Verhaltens.

dōnāre	dōnō, dōnāvī, dōnātum	schenken	E to donate (spenden) F donner (geben; schenken)
Deus hominēs ratiōne dōnāvit.		Gott hat die Menschen mit Vernunft ausgestattet.	
dōnum	dōnī *n.*	Geschenk, Gabe	F un don (Geschenk)

capere	capiō, cēpī, captum	nehmen; fassen; fangen	ᴅ kapieren
Incolam sibi dūcem cēpērunt.		Sie nahmen sich einen einheimischen Führer.	
dēprehendere	dēprehendō, dēprehendī, dēprehēnsum	ergreifen, ertappen	
sūmere	sūmō, sūmpsī, sūmptum	nehmen, an sich nehmen	
Spatium sūmāmus ad cōgitandum!		Nehmen wir uns Zeit zum Nachdenken!	
cōnsūmere	cōnsūmō, cōnsūmpsī, cōnsūmptum	verwenden; verbrauchen	ᴅ konsumieren ᴇ to consume ꜰ consommer
ōtium cōnsūmere in librō legendō		seine Freizeit mit der Lektüre eines Buches verbringen	
sūmptus	sūmptūs m.	Aufwand, Kosten	
In hāc rē sūmptuī nē parcās!		In dieser Sache soll man keine Kosten scheuen!	
largīrī	largior, largītus sum	schenken, reichlich gewähren	
largus	-a, -um	freigiebig	**Falsche Freunde!** ᴇ large (groß) ꜰ large (breit; weit)
offerre	offerō, obtulī, oblātum	anbieten	ᴅ offerieren ᴇ to offer ꜰ offrir
sē perīculō (Dat.) offerre		sich einer Gefahr aussetzen	
praebēre	praebeō, praebuī, praebitum	zeigen; gewähren	
beneficia praebēre		Wohltaten gewähren	
fortem sē praebēre		sich als tapfer erweisen	
beneficium	beneficiī n.	Wohltat	ᴅ Benefiz ᴇ benefit
praestāre	praestō, praestitī, praestātūrus	voranstehen; sich auszeichnen; geben, gewähren; erfüllen, verrichten	
beneficiīs praestāre		sich durch Wohltaten auszeichnen	→

sociōs salvōs praestāre		den Bundesgenossen Sicherheit garantieren	
amīcō fidem praestāre		dem Freund gegenüber sein Wort halten	
praemium	praemiī *n.*	Vorteil; Belohnung	**D** Prämie
rapere	rapiō, rapuī, raptum	raffen, rauben	
Quō libīdō tē rapuit?		Wozu hast du dich durch deine Gier hinreißen lassen?	
ēripere	ēripiō, ēripuī, ēreptum	entreißen	
Eripiunt aliīs *(Dat.)*, quod aliīs largiantur.		Sie nehmen es den einen weg, um es anderen zu schenken.	
rapīna	rapīnae *f.*	Raub, Räuberei	
prīvāre	prīvō, prīvāvī, prīvātum	berauben; befreien	**F** priver
Frūctū labōris mē prīvāvistī.		Du hast mich um den Ertrag meiner Mühe gebracht.	
tollere	tollō, sustulī, sublātum	hochheben; aufheben; beseitigen	**Falsche Freunde!** **D** tolerieren
clāmōrem tollere		laut aufschreien	
lēgem tollere		ein Gesetz aufheben	

! *Tolle, lege!* Augustinus (lateinischer Kirchenlehrer, 354 – 430 n. Chr.) hörte diese Worte und verstand sie als göttliche Eingebung, die Bibel aufzuschlagen und zu lesen.

removēre	removeō, remōvī, remōtum	entfernen, wegschaffen	**E** to remove
restituere	restituō, restituī, restitūtum	wiederherstellen, wiedergeben	**F** restituer
mūrōs restituere		die Mauern wieder errichten	
cīvibus *(Dat.)* sua restituere		den Bürgern ihr Eigentum wiedergeben	
adimere	adimō, adēmī, ademptum	an sich nehmen; wegnehmen; rauben	
hostibus *(Dat.)* agrum adimere		den Feinden ihr Land wegnehmen	

afferre	afferō, attulī, allātum	herbeibringen, melden	
nūntium afferre		eine Nachricht bringen/melden	
auferre	auferō, abstulī, ablātum	wegbringen; rauben	
statuās ā sociīs auferre		den Bundesgenossen Statuen rauben	
augēre	augeō, auxī, auctum	vermehren, vergrößern	F augmenter
Dum minuere labōrem volō, augeō.		Während ich die Anstrengung vermindern will, mache ich sie nur größer!	
minuere	minuō, minuī, minūtum	vermindern	E to diminish F diminuer

Gegensätze, Verwandtschaften und sonstige Beziehungen!

dōnāre	schenken		capere	nehmen, fassen, fangen
largīrī	schenken, reichlich gewähren		sūmere	nehmen, an sich nehmen
dare	geben		prīvāre	berauben, befreien
offere	anbieten		rapere	raffen, rauben
afferre	herbeibringen, melden	←→	auffere	wegbringen, rauben
			ēripere	entreißen
praebēre	zeigen, gewähren		tollere	hochheben; aufheben, beseitigen
praestāre	geben, gwähren; erfüllen		remŏvēre	entfernen, wegschaffen
restituer	wiederherstellen, wiedergeben		adimere	an sich nehmen, wegnehmen, rauben
augēre	vermehren, vergrößern		minuere	vermindern

26 Unterstützen und Behindern

prōdesse	prōsum, prōfuī	nützen, nützlich sein	
ūsuī esse		von Nutzen sein	
Id mihi ūsuī esse potest.		Das kann mir von Nutzen sein.	
nocēre	noceō, nocuī, nocitum	schaden	F nuire
Quod nocet, docet.		Durch Schaden wird man klug.	
inimīcō nocēre		dem Gegner schaden	
corrumpere	corrumpō, corrūpī, corruptum	verderben, bestechen	D korrupt E to corrupt F corrompre

dēcipere	dēcipiō, dēcēpī, dēceptum	täuschen	E to deceive (enttäuschen)
hominēs dēcipere		Menschen irreleiten	F décevoir
fallere	fallō, fefellī	täuschen	E to fail (versagen, scheitern)
Nōn mē ille fallit, sed ipse fallitur.		Mich täuscht er nicht, sondern sich selbst macht er etwas vor.	**Falsche Freunde!** F falloir (müssen)
fraus	fraudis f.	Betrug, Schaden	
Fidēs bona fraudī et dolo contraria est.		Treu und Glauben sind das Gegenteil von Betrug und Arglist.	
dolus	dolī m.	List, Täuschung	**Falsche Freunde!** F la douleur (Schmerz)
adesse	adsum, adfuī	beistehen, helfen	
dēesse	dēsum, dēfuī, dēfutūrus	fehlen, im Stich lassen	
iuvāre	iuvō, iūvī, iūtum (mit Akk.)	unterstützen	
adiuvāre	adiuvō, adiūvī, adiūtum (mit Akk.)	unterstützen, helfen	
Multum eōs adiuvābat, quod flūmen vadō trānsīrī poterat.		Ihnen half der Umstand sehr, dass man den Fluss durch eine Furt überqueren konnte.	
subvenīre	subveniō, subvēnī, subventūm	zu Hilfe kommen	**Falsche Freunde!** F subventionner (= subventionieren)
succurrere	succurrō, succurrī, succursum	zu Hilfe eilen	F secourir
succēdere	succēdō, successī, successum	nachfolgen, nachrücken	E to succeed (nachfolgen, gelingen) F succéder (nachfolgen)
fatīgātīs succēdere		an die Stelle der Erschöpften treten	
subsidium	subsidiī n.	Hilfsmannschaft; Hilfe	
Equitēs eīs subsidiō mīsit.		Er schickte ihnen Reiter zu Hilfe.	
dēserere	dēserō, dēseruī, dēsertum	im Stich lassen	

tuērī	tueor, tuitus sum	beachten, beschützen	
oppidum praesidiō *(Abl.)* tuērī		die Stadt durch eine Besatzung schützen	
tūtus	-a, -um; *(Adv.)* tūtō	geschützt, sicher	
servāre	servō, servāvī, servātum	behüten, bewahren, retten	**Falsche Freunde!** D servieren
cōnservāre	cōnservō, cōnservāvī, cōnservātum	bewahren, erhalten	D konservieren E to conserve
cīvēs incolumēs cōnservāre		dafür sorgen, dass den Bürgern nichts geschieht	F conserver
parcere	parcō, pepercī, parsūrus	schonen; sparen	
victīs *(Dat.)* parcere		die Besiegten schonen	
pecūniae *(Dat.)* parcere		Geld sparen	
parcus	-a, -um	sparsam, karg	
obicere	obiciō, obiēcī, obiectum	entgegenwerfen, entgegnen	E (to) object F objecter (einwenden)
oppōnere	oppōnō, opposuī, oppositum	entgegenstellen, einwenden	D opponieren E to oppose F opposer
obstāre	obsto, obstitī	entgegenstehen, hindern	
Quid obstat, quōminus sīs beātus?		Was hindert dich, glücklich zu sein?	
āvertere	āvertō, āvertī, āversum	abwenden; vertreiben	
aliquem ab inceptō āvertere		jemanden von seinem Vorhaben abbringen	
aspernārī	āspernor, āspernātus sum	sich abwenden, verschmähen	
impedīre	impediō, impedīvī, impedītum	hindern, verhindern	F empêcher
impedīmentum	impedīmentī *n.*	Hindernis; *(Pl.)* Gepäck	
impedīmentō *(Dat.)* esse		hinderlich sein	

prohibēre	prohibeō, prohibuī, prohibitum	fernhalten, hindern	D Prohibition (Verbot bestimmter Dogen)
Prohibuit (Impedīvit) eōs, nē id facerent.		Er hinderte sie daran, das zu tun.	E prohibition
cohibēre	cohibeō, cohibuī, cohibitum	festhalten	
arcēre	arceō, arcuī	abwehren, abhalten	
coercēre	coerceō, coercuī, coercitum	zusammenhalten, zügeln	

Präfixe zum Ausdruck von Gegensätzen

adesse / **ad**iuvāre	**dē**esse / **dē**serere
beistehen, helfen / unterstützen, helfen	fehlen, im Stich lassen / im Stich lassen
succēdere / **sub**venīre / **suc**currere ←→	**op**pōnere / **ob**icere / **ob**stāre
nachfolgen, nachrücken / zu Hilfe kommen / zu Hilfe eilen	entgegenstellen, einwenden / entgegenwerfen, entgegenen / entgegenstehen, hindern

27 Beeinflussen

incitāre	incitō, incitāvī, incitātum	antreiben, reizen	E to incite F inciter
excitāre	excitō, excitāvī, excitātum	erregen, anregen	E to excite F exciter
Laudis cupiditās eum ad virtūtem excitābat.		Ruhmsucht trieb ihn zur Tapferkeit an.	
sollicitāre	sollicitō, sollicitāvī, sollicitātum	heftig erregen, beunruhigen	
concitāre	concitō, concitāvī, concitātum	antreiben, (Hass, Zwietracht etc.) erregen	
lacessere	lacessō, lacessīvī, lacessītum	reizen	
proeliō (Abl.) lacessere		zum Kampf reizen	
movēre	moveō, mōvī, mōtum	bewegen, veranlassen	E to move
hīs rēbus (Abl.) commōtus		unter dem Eindruck dieser Vorgänge	
commovēre	commoveō, commōvī, commōtum	bewegen, veranlassen	

permovēre	permoveō, permōvī, permōtum	bewegen, veranlassen	
mōtus	mōtūs *m.*	Bewegung	D Motor F le moteur
mōmentum	mōmentī *n.*	Beweggrund; Einfluss, Bedeutung; Bewegung; Augenblick, Moment	D Moment E moment F le moment
rēs māgnī mōmentī		eine Sache von erheblicher Bedeutung	
Parva mōmenta in spem metumque animum impellunt.		(Schon) kleine Anlässe versetzen den Menschen in Hoffnung und Angst.	
mōmentō (temporis)		im Augenblick	
suādēre	suādeō, suāsī, suāsum	raten, empfehlen	
persuādēre	persuādeō, persuāsī, persuāsum	überreden; überzeugen	E to persuade F persuader
Populō persuāsit, ut nāvēs aedificārentur.		Er überredete das Volk zum Flottenbau.	
mihi persuāsī *oder* mihi persuāsum est		ich bin überzeugt	
Mihi persuāsum est animās nōn interīre.		Ich bin davon überzeugt, dass die Seele nicht stirbt.	
hortārī	hortor, hortātus sum	ermahnen, auffordern	
cohortārī	cohortor, cohortātus sum	ermahnen, aufmuntern	
monēre	moneō, monuī, monitum	erinnern, ermahnen; warnen	
Pater nōs monet, nē sēcūrī sīmus.		Der Vater warnt uns davor, allzu sorglos zu sein.	
Dux cīvēs monuit eōs intrā moenia tūtōs esse.		Der Anführer macht die Bürger darauf aufmerksam, dass sie innerhalb der Mauern sicher seien.	
eum dē amīcitiā monēre		ihn an die Freundschaft erinnern	
admonēre	admoneō, admonuī, admonitum	mahnen, erinnern	E to admonish
Pater nōs admonet, ut cautiōrēs sīmus.		Der Vater mahnt uns, vorsichtiger zu sein.	

75

monumentum	monumentī *n.*	Denkmal	**D** Monument **E** monument **F** un monument
cōnfirmāre	cōnfirmō, cōnfirmāvī, cōnfirmātum	stärken, bekräftigen	**E** to confirm **F** confirmer
cōnfirmāre pācem		den Frieden sichern	
cōnfirmāre animum spē		den Geist durch Hoffnung stärken	
cōnfirmāre rem exemplīs		die Sache durch Beispiele unter- mauern	
firmus	-a, -um	stark, sicher, zuverlässig	**D** firm, **E** firm, **F** ferme
īnfirmus	-a, -um	schwach	
cōnsōlārī	cōnsōlor, cōnsōlātus sum	trösten	**E** to console **F** consoler
īnferre	īnferō, intulī, illātum	hineintragen, (einem etw.) zufügen	
īnferre bellum alicui		gegen jdn. Krieg führen	
īnferre manūs alicui		jdm. Gewalt antun	
īnferre iniūriam alicui		jdm. ein Unrecht zufügen	
inicere	iniciō, iniēcī, iniectum	hineinwerfen, einflößen; verursachen	
inicere vincula alicui		jdm. Fesseln anlegen	
inicere timōrem alicui		jdm. Furcht einflößen	
inicere tumultum		Tumult verursachen	

Gegensätze ziehen sich an!

firmus	stark, sicher, zuverlässig	⟵⟶	**īnfirmus**	schwach

28 Bitten, Fordern, Veranlassen

precārī	precor, precātus sum	beten, bitten	E to pray F prier
precēs	precum *f. Pl.*	Bitten	
ōrāre	ōrō, ōrāvī, ōrātum	bitten, beten	
Id tē ōrō: …		Darum bitte ich dich: …	
Vōs ōrō atque obsecrō, adhibeātis dīligentiam.		Ich bitte euch inständig, Sorgfalt walten zu lassen.	
Ōrā et labōrā!		Bete und arbeite!	
rogāre	rogō, rogāvī, rogātum	bitten, fragen	
Rogat eōs atque ōrat, nē oppūgnent filium suum.		Er bittet flehentlich, sie sollten doch seinen Sohn in Ruhe lassen.	
sententiam rogāre		abstimmen lassen	
petere	petō, petīvī, petītum	sich an jdn. wenden, bitten	D Petition
A Caesare pācem petere		Caesar um Frieden bitten	
Petō ā tē, ut mihi īgnōscās.		Ich bitte dich um Verzeihung.	
repetere	repetō, repetīvī, repetītum	zurückverlangen; wiederholen	E to repeat F répéter
iūs suum repetere		sein Recht verlangen	
vetera cōnsilia repetere		alte Pläne wieder aufnehmen	
poscere	poscō, poposcī	fordern	
Mīlēsiōs nāvem poposcit.		Er forderte von den Milesiern ein Schiff.	
postulāre	postulō, postulāvī, postulātum	fordern	D postulieren
exigere	exigō, exēgī, exāctum	eintreiben, einfordern; ausführen, vollenden	F exiger (fordern, erfordern)
mercēdem exigere		Lohn fordern	

addūcere	addūcō, addūxī, adductum	heranführen, veranlassen	
Mīlitēs, ut parcerent hostī, nōn poterant addūcī.		Die Soldaten konnten nicht dazu gebracht werden, den Feind zu schonen.	
indūcere	indūcō, indūxī, inductum	einführen; verleiten zu	
in animum indūcere		sich vornehmen	
perdūcere	perdūcō, perdūxī, perductum	zu etw. bewegen, veranlassen	
aliquem ad voluntātem suam perdūcere		jdn. für seine eigenen Absichten einspannen	
impellere	impellō, impulī, impulsum	anstoßen, antreiben	D Impuls
impōnere	impōnō, imposuī, impositum	einsetzen, auferlegen	Falsche Freunde! D imponieren
Caesar eīs frūmentum imposuit.		Caesar erlegte ihnen die Lieferung von Getreide auf.	
mandāre	mandō, mandāvī, mandātum	übergeben; auftragen, anweisen	D Mandat
commendāre	commendō, commendāvī, commendātum	anvertrauen; empfehlen	E to recommend F recommander
Tōtum mē tuō amōrī fideīque commendō.		Ich überlasse mich ganz deiner Zuneigung und deinem Schutz.	

29 Führen, Anordnen, Ordnen

dūcere	dūcō, dūxī, ductum	ziehen, führen; meinen, halten für	
fossam pedum vīgintī dūcere		einen Graben von 20 Fuß ziehen	
exercitum ad flūmen dūcere		das Heer zum Fluss führen	
Aliō eum cupiditās, aliō dūcit prūdentia.		Seine Wünsche führen ihn hierhin, seine Klugheit dorthin.	
diem ex diē dūcere		von Tag zu Tag hinauszögern	

abdūcere	abdūcō, abdūxī, abductum	wegführen; abbringen, abziehen	
subdūcere	subdūcō, subdūxī, subductum	hinaufziehen; wegnehmen	
prōdūcere	prōdūcō, prōdūxī, prōductum	vorführen; vorwärts führen	**D** produzieren **E** to produce **F** produire
Captīvōs ad sē prōdūcī iubet.		Er lässt sich die Gefangenen vorführen.	
dux	ducis *m.*	Führer	**E** duke **F** un duc
Caesare duce		unter Caesars Führung	
praeficere	praeficiō, praefēcī, praefectum	an die Spitze stellen, mit der Führung beauftragen	
Nāvibus *(Dat.)* Qu. Atrium praefēcit.		Er unterstellte die Schiffe dem Kommando des Qu. Atrius	
attendere	attendō, attendī, attentus	aufpassen, beachten	**E** to attend/attention **F** l'attention
praeesse	praesum, praefuī, praefutūrus	an der Spitze stehen, befehligen	
Nāvibus Qu. Atrius praeerat.		Quintus Atrius befehligte die Schiffe.	
iubēre	iubeō, iussī, iussum *(mit Akk.)*	befehlen, anordnen	
Lēgātus mīlitēs castra mūnīre iussit.		Der Legat befahl den Soldaten, das Lager zu befestigen.	
Mīlitēs castra mūnīre iussī sunt.		Die Soldaten erhielten den Befehl, das Lager zu befestigen.	
Lēgātus castra mūnīrī iussit.		Der Legat ließ das Lager befestigen.	
Lēge populus Rōmānus iussit, ut Sullae voluntās populō esset prō lēge.		Das römische Volk ordnete durch Gesetz an, dass Sullas Wille für das Volk Gesetzeskraft habe.	
iussū	*Abl.*	auf Befehl	
iniussū senātūs		ohne (gegen) ausdrückliche Anordnung des Senats	
parēre	pāreō, pāruī, pāritūrus	gehorchen	**D** parieren

regere	regō, rēxī, rēctum	lenken, leiten; regieren, führen	
classem regere imperiō		die Flotte befehligen	
dīrigere	dīrigō, dīrēxī, dīrēctum	(hin)lenken	D dirigieren E to direct F diriger
cursum in Āfricam dīrigere		Kurs auf Afrika nehmen	
corrigere	corrigō, corrēxī, corrēctum	berichtigen, verbessern	D korrigieren E to correct F corriger
praecipere	praecipiō, praecēpī, praeceptum	vorschreiben; lehren	
praeceptum	praeceptī n.	Vorschrift, Befehl; Lehre	
praeceptīs (Dat.) patris pārēre (= praecepta patris observāre)		die Vorschriften des Vaters befolgen	
observāre	observō, observāvī, observātum	beobachten, beachten	D observieren E to observe F observer
dispōnere	dispōnō, disposuī, dispositum	verteilen, ordnen	D disponieren
vigiliās per urbem dispōnere		Wachen in der Stadt verteilen	
arcessere	arcessō, arcessīvī, arcessītum	herbeirufen, holen	
Capuā eum litterīs Rōmam arcessīvit.		Er ließ ihn durch schriftlichen Befehl von Capua nach Rom kommen.	
mittere	mittō, mīsī, missum	schicken; gehen lassen	D Mission E mission F une mission
pīla mittere		die Pila (eine Art Ball) werfen (den Kampf eröffnen)	
praemittere	praemittō, praemīsī, praemissum	vorausschicken	
dēmittere	dēmittō, dēmīsī, dēmissum	hinabschicken; sinken lassen	
capite dēmissō		mit gesenktem Haupt	
nāvēs secundō flūmine dēmittere		die Schiffe flussab-wärts fahren lassen	

dīmittere	dīmittō, dīmīsī, dīmissum	entsenden, entlassen, aufgeben
lēgātōs domum dīmittere		die Gesandten nach Hause zurück schicken
oppūgnātiōnem urbis dīmittere		die Belagerung der Stadt aufgeben
ēmittere	ēmittō, ēmīsī, ēmissum	loslassen, losschicken

Gegensätze ziehen sich an!

arcessere	herbeirufen, holen	⟷	mittere	schicken, gehen lassen

30 Vertrauen und Vorsicht

crēdere	crēdō, crēdidī, crēditum	glauben, anvertrauen	
Caesarī salūtem suam crēdidērunt.		Sie vertrauen Caesar ihr Schicksal an.	
Sibi facultātem fortūnam obtulisse crēdidērunt.		Sie glaubten, das Schicksal habe ihnen eine Chance geboten.	
incrēdibilis	incrēdibile, (Gen.) incrēdibilis	unglaublich	E incredible
cōnfīdere	cōnfīdo, cōnfīsus sum	vertrauen	E confidence F la confiance
celeritāte nāvium cōnfīsī		im Vertrauen auf die Schnelligkeit der Schiffe	
Hostēs iam sē recēpisse cōnfīdēbant.		Sie verließen sich darauf, dass die Feinde schon abgezogen seien.	
suspicārī	suspicor, suspicātus sum	vermuten, in Verdacht haben	
suspīciō	suspīciōnis f.	Verdacht	E suspicion, F un soupçon
cōnsulere	consulō, cōnsuluī, cōnsultum	um Rat fragen; sich beraten; beschließen; sorgen für	D konsultieren E to consult F consulter
Ut urbis satis esset praesidiī, cōnsuluit.		Er sorgte dafür, dass die Stadt genug Schutz erhielt.	

prōspicere	prōspiciō, prōspexī, prōspectum	vorhersehen; vorsorgen	**Falsche Freunde!** D Prospekt
prōspicere, quid futūrum sit		vorhersehen, was kommt	
līberīs suīs *(Dat.)* prōspicere		für seine Kinder sorgen	
respicere	respiciō, respexī, respectum	zurückschauen; berücksichtigen	D Respekt E respect F le respect
prōvidēre	prōvideō, prōvīdī, prōvīsum	vorhersehen; sorgen für	
tempestātem providēre		einen Sturm vorhersehen	
cīvium vītae *(Dat.)* cōnsulere atque prōvidēre		Vorsorge für das Leben der Bürger treffen	
Prōvidendum est, nē quid ille nōbīs nocēre possit.		Wir müssen dafür sorgen, dass der uns nicht schaden kann.	
imprōvīsus	-a, -um	unvorhergesehen, unvermutet	
dē imprōvīsō (ex inopīnātō) aggredī		überraschend angreifen	
inopīnātus	-a, -um	unerwartet, unvermutet	
opīniō	opīniōnis *f.*	Erwartung, Meinung	E opinion F une opinion
opīniōne celerius		über Erwarten schnell	
cavēre	caveō, cāvī, cautum	sich hüten; Vorsorge treffen	
Cavē canem!		Vorsicht, (bissiger) Hund!	
cautus	-a, -um	vorsichtig	E cautious
temere		planlos, blindlings	
sēcūrus	-a, -um	sorglos, sicher	E secure (sicher)
cūrāre	cūrō, cūrāvī, cūrātum	sorgen; besorgen; pflegen	D kurieren E to cure (heilen)
negōtia aliēna curare		sich um fremde Angelegenheiten kümmern	

Nihil cūrāvit nisī ut cīvēs salvī līberīque sint.		Er hat sich ausschließlich darum gekümmert, dass es den Bürgern gut geht und sie frei sind.	
Nāvēs aedificandās cūrāvit.		Er ließ Schiffe bauen.	
cūra	cūrae *f.*	Sorge; Pflege	ᴅ Kur
temperāre	temperō, temperāvī, temperātum	maßvoll sein; mäßigen; lenken	ᴅ temperieren
linguae *(Dat.)* temperāre		seine Zunge im Zaum halten	
rem pūblicam temperāre		das Gemeinwesen ordnen	
hostibus superātīs *(Dat.)* temperāre		die besiegten Feinde schonen	
perīculum	perīculī *n.*	Gefahr	
perīculum est, nē		es ist zu befürchten, dass	
Perīculum in morā.		Gefahr in Verzug.	
imminēre	immineō	hereinragen über; drohen	
īnstāre	īnstō, īnstitī, īnstātūrus	eindringen auf; bevorstehen	
urgēre	urgeō, ursī	drängen, bedrängen	ᴇ to urge
urgente iam vesperō		gegen Abend	
discrīmen	discrīminis *n.*	Entscheidung; Gefahr	
anceps	*(Gen.)* ancipitis	zweideutig, unentschieden	

Gegensätze ziehen sich an!

prōvidēre	vorhersehen, sorgen für		**imprōvīsus**	unvorhergesehen, unvermutet
		←→	**inopīnātus**	unerwartet, unvermutet
cautus	vorsichtig		**temere**	planlos, blindlings
cōnfīdere	vertrauen		**suspicārī**	vermuten, in Verdacht haben

31 Anstrengung und Ausdauer

excipere	excipiō, excēpī, exceptum	aufnehmen, auf sich nehmen; eine Ausnahme machen	E exception (Ausnahme) F une exception
Cīvitās Athēniēnsium mē excēpit.		Die Stadt Athen hat mich (als Bürger) aufgenommen.	
In eius laudibus excipiunt īrācundiam.		Ihr Lob bezieht sich nicht auf seinen Jähzorn.	
suscipere	suscipiō, suscēpī, susceptum	übernehmen; unternehmen	
labōrēs excipere/ suscipere		Anstrengungen auf sich nehmen	
urbem tuendam suscipere		sich um den Schutz der Stadt kümmern	
sustinēre	sustineō, sustinuī, sustentum	aushalten, ertragen	
invidiam hominum sustinēre		die Missgunst der Menschen ertragen	
abstinēre	abstineō, abstinuī, abstentum	fernhalten, sich enthalten	D abstinent
ab aliēnīs manūs abstinēre		die Finger von fremdem Eigentum lassen	
perferre	perferō, pertulī, perlātum	überbringen; ertragen, aushalten	
Perfertur ad mē Caesarem Rubicōnem trānsīsse.		Man berichtet mir, Caesar habe den Rubikon über- schritten.	
tolerāre	tolerō, tolerāvī, tolerātum	ertragen, erdulden	D tolerieren E to tolerate F tolérer
labōrāre	labōrō, labōrāvī, labōrātum	sich anstrengen; leiden	D laborieren
Quae nē fierent, labōrāvit / nīsus est / contendit.		Er tat alles, um es nicht dazu kommen zu lassen.	
ex capite labōrāre		Kopfschmerzen haben	
labor	labōris *m.*	Arbeit, Anstrengung; Not	E labour **Falsche Freunde!** D Labor

patī	patior, passus sum	zulassen; dulden; leiden	
Vīnum ad sē īnferrī nōn patiēbantur.		Sie duldeten keinen Weinimport in ihr Land.	
patientia	patientiae f.	Ausdauer, Geduld	E patience F la patience
fatīgāre	fatīgō, fatīgāvī, fatīgātum	müde machen; ermüden	F fatiguer
fessus	-a, um	ermüdet, erschöpft	
nītī	nītor, nīsus (od. nīxus) sum	sich stützen auf; sich anstrengen	
Eius (in) vītā nitēbātur salūs cīvitātis.		Von seinem Leben hing das Heil des Staates ab.	
contendere	contendō, contendī, contentum	sich anstrengen, eilen	
Rōmam revertī contendit.		Er beeilte sich, nach Rom zurückzukehren.	
Ad Genavam contendit.		Er eilte in die Gegend von Genf.	
properāre	properō, properāvī, properātum	eilen, sich beeilen	
dēsilīre	dēsiliō, dēsiluī	herabspringen	
currere	currō, cucurrī, cursum	laufen, eilen	F courir
cursus	cursūs m.	Lauf; Kurs	E course F une course
ruere	ruō, ruī, rutum	fortstürzen, rennen	
celer	celeris, celere, (Gen.) celeris	schnell	
celeritās	celeritātis f.	Schnelligkeit	
tardus	-a, -um	langsam, träge	F tard (spät)
manēre	maneō, mānsī, mānsum	bleiben; warten auf	**Falsche Freunde!** D mahnen
eōdem locō manēre		an der gleichen Stelle ausharren	
Mors sua quemque manet.		Jeden erwartet sein eigener Tod.	
mānāre	mānō, mānāvī, mānātum	fließen, ausströmen, sich ausbreiten	

permanēre	permaneō, permānsī, permānsūrus	verbleiben, fortdauern	**D E F** permanent
remanēre	remaneō, remānsī, remānsum	zurückbleiben, ausharren	**E** to remain
dūrāre	dūrō, dūrāvī, dūrātūrus	dauern, ausdauern; aushalten	**F** durer

Gegensätze ziehen sich an!

celer	schnell	←——→	tardus	langsam, träge

32 Aktivitäten

accidere	accidō, accidī	sich ereignen, geschehen	**E** accident **F** un accident
Bene accidit, quod ad mē venīs.		Es trifft sich gut, dass du zu mir kommst.	
Accidit, ut esset lūna plēna.		Zufällig war Vollmond.	
incidere	incidō, incidī	in etw. geraten, sich ereignen	
occāsiō	occāsiōnis f.	Gelegenheit	**E** occasion **F** une occasion
ēvenīre	ēveniō, ēvēnī, ēventum	ablaufen, sich ereignen	
Id mihi fēlīciter ēvēnit.		Da habe ich aber Glück gehabt.	
ēventus	ēventūs m.	Ereignis; Erfolg	**D** Event **E** event
fierī	fiō, factus sum	werden; geschehen; gemacht werden	
Potest fierī, ut fallar.		Es kann passieren, dass ich mich irre. / Möglicherweise irre ich mich.	
Ita factum est, ut ille nōn esset beātus.		So kam es, dass dieser Mann nicht glücklich war.	
convenit		es wird vereinbart	
inter nōs convenit		wir kommen überein	

decet	decuit	es gehört sich	E decent (anständig)
Ōrātōrem īrāscī minimē decet.		Ein Redner darf auf keinen Fall wütend werden.	F décent
decus	decoris *n.*	Anstand, Ehre	
mōs est		es ist Sitte, es ist Brauch	
Apud Gallōs mōs erat reum ex vinculīs causam dīcere.		Bei den Galliern war es üblich, dass der Angeklagte gefesselt vor Gericht stand.	
cōnsuētūdō	cōnsuētūdinis *f.*	Gewohnheit, Umgang	
cōnsuēscere	consuēscō, cōnsuēvī, cōnsuētum	sich gewöhnen; *(Perf.)* gewohnt sein	
quō cōnsuē(ve)rat intervallō		im gewohnten Abstand	
solēre	soleō, solitus sum	gewohnt sein, pflegen	**Falsche Freunde!**
Adesse nōbīs in hīs rēbus solet.		Er hilft uns gewöhnlich in diesen Dingen.	F solitaire (zurückgezogen, einsam; einzeln)
ūtī	ūtor, ūsus sum	gebrauchen; umgehen mit; benützen	E to use
Atticō *(Abl.)* familiāriter ūtī		mit Attikus engen Umgang pflegen	
vīnō ūtī		Wein genießen	
abūtī	abūtor, abūsus sum	aufbrauchen; missbrauchen	E to abuse (missbrauchen) F abuser
ūsus	ūsūs *m.*	Gebrauch, Nutzen, Umgang	E use F usage
licet	licuit	es ist erlaubt, es steht frei	
Vōbīs *(Dat.)* nōn licet neglegentibus *(Dat.)* esse.		Ihr dürft nicht nachlässig sein.	
licentia	licentiae *f.*	Freiheit, Willkür	D Lizenz E licence (Erlaubnis) F une licence
sinere	sinō, sīvī, situm	lassen, zulassen	
Sine veniat!		Er soll nur kommen!	
permittere	permittō, permīsī, permissum	überlassen; erlauben	E to permit F permettre

admittere	admittō, admīsī, admissum	zulassen; hinzuziehen	E to admit
			F admettre
interpretēs (ad colloquium) admittere		Dolmetscher (zur Unterredung) hinzuziehen	
intercēdere	intercēdō, intercessī, intercessum	dazwischentreten; Einspruch erheben	
cōnsulibus *(Dat.)* intercēdere		sich den Konsuln widersetzen	
lēgī intercēdere		gegen ein Gesetz protestieren	
prō reō intercēdere		für den Angeklagten eintreten	
necesse est		es ist nötig, es ist unausweichlich	

 Navigāre necesse est, vīvere nōn est necesse. (Wir müssen zur See fahren, nicht leben). Mit diesen Worten soll der Feldherr Pompeius trotz Sturm zum Aufbruch aufs Meer gedrängt haben. Der Spruch ziert heute noch das Haus der Seefahrt in Bremen.

necessitās	necessitātis *f.*	Notwendigkeit, Notlage	E necessity
			F la nécessité
oportet	oportuit	es ist nötig, es gehört sich	
opus est		es ist nötig, es ist zweckmäßig	
Nōbīs *(Dat.)* opus est pāce.		Wir brauchen Frieden.	
dēbēre	dēbeō, dēbuī, dēbitum	sollen, müssen; schulden	F devoir
Nunc loquī dēbēs.		Du musst jetzt reden.	
Pecūniam ei nōn dēbeō.		Ich schulde ihm kein Geld.	
obligāre	obligō, obligāvī, obligātum	binden; verpflichten	F obliger
obstringere	obstringō, obstrīnxī, obstrictum	(zu)binden; verpflichten; verstricken	
convenīre	conveniō, convēnī, conventum	zusammenkommen; sich einigen	F convenir à qn (jdm. passen)
amīcum convenīre		sich mit dem Freund treffen	

conventus *und* **coetus**	conventūs *m.* coetūs *m.*	Zusammenkunft, Versammlung	D Konvent
concurrere	concurrō, concurrī, concursum	zusammenlaufen	D Konkurrent F concurrent
Fit hominum concursus in forum.		Es kommt zu einem Menschenauflauf auf dem Forum.	
concursus	concursūs *m.*	Auflauf, Zusammenstoß	**Falsche Freunde!** D Konkurs F un concours (Wettbewerb)

conciliāre	conciliō, conciliāvī, conciliātum	verbinden; für sich gewinnen	
sibi eōs conciliāre, quī audiunt		sich die Zuhörer geneigt machen	
cōnsentīre	cōnsentiō, cōnsēnsī, cōnsēnsum	übereinstimmen, einer Meinung sein	E to consent F consentir (zustimmen)
Gallī cum Germānīs dē eā rē cōnsentiunt.		Die Gallier stimmen in diesem Punkt mit den Germanen überein.	
cōnsēnsus *oder* **cōnsēnsiō**	cōnsēnsūs *m.* cōnsēnsiōnis *f.*	Übereinstimmung	D Konsens
cōnsēnsū omnium		einstimmig	
assentīrī	assentior, assēnsus sum	zustimmen	
Illud assentior Cicerōnī.		In diesem Punkt pflichte ich Cicero bei.	
dissentīre	dissentiō, dissēnsī	nicht übereinstimmen, verschiedener Meinung sein	D Dissens
Nihil ā tuā opīniōne dissentiō.		Ich weiche überhaupt nicht von deiner Auffassung ab.	

colligere	colligō, collēgī, collēctum	sammeln	E to collect F collectionner
cōgere	cōgō, coēgī, coāctum	zusammentreiben, sammeln, zwingen	
cōpiās in ūnum locum cōgere		die Truppen an einem Ort zusammenziehen	
nāvēs in portum vehī cōgere		die Schiffe zwingen, in den Hafen zu segeln	

condūcere	condūcō, condūxī, conductum	zusammenführen	
cōnferre	cōnferō, cōntulī, collātum	zusammentragen, zusammenbringen	**Falsche Freunde!** D konferieren
sē in lēgātī fidem cōnferre		sich in des Legaten Schutz begeben	
spargere	spargō, sparsī, sparsum	streuen, zerstreuen	
dispergere	dispergō, dispersī, dispersum	zerstreuen, ausbreiten	

comitārī	comitor, comitātus sum	begleiten	
comes	comitis *m. f.*	Begleiter, Gefährte	
sequī	sequor, secūtus sum *mit Akk.*	folgen; sich anschließen	
exemplum amīcōrum sequī		dem Beispiel von Freunden folgen	
partēs Caesaris sequī		sich auf die Seite Caesars schlagen	
prōsequī	prōsequor, prōsecūtus sum	begleiten; verfolgen	
hostem prōsequī		den Feind verfolgen	
subsequī	subsequor, subsecūtus sum	nachfolgen; nachahmen	
relinquere	relinquō, relīquī, relictum	zurücklassen, verlassen	
fīliō *(Dat.)* relinquere		den Sohn im Stich lassen	
agrōs relinquere		die Äcker aufgeben	
sēdēs suās relinquere		die Heimat verlassen	
reliquus	reliqua, reliquum	übrig	D Relikt
Nihil reliquī fēcit.		Nichts hat er übrig gelassen.	

interesse	intersum, interfuī	teilnehmen; dazwischen sein, dazwischen liegen	**Falsche Freunde!** D Interesse
ūnā *(Adv.)* (cum)		zusammen (mit), zugleich	
Habitāvimus ūnā, studuimus ūnā.		Wir haben zusammen gewohnt, zusammen studiert.	

commūnis	commūne, *(Gen.)* commūnis	gemeinsam, allgemein	D Kommune E common F commun
rem commūniter cum collēgā gerere		die Aufgabe gemeinsam mit dem Amtskollegen durchführen	
cum *(Präp. + Abl.)*		mit, zusammen mit	
sine *(Präp. + Abl.)*		ohne	F sans
sine ūllā suspīciōne		ohne jeden Verdacht	

Gegensätze ziehen sich an!

admittere	zulassen, hinzuziehen		intercēdere	dazwischentreten, Einspruch erheben
assentīrī	zustimmen	⟷	**dissentīre**	nicht übereinstimmen, verschiedener Meinung sein
cōnferre	zusammentragen, zusammenbringen		**dispergere**	zerstreuen, ausbreiten
cum	(zusammen) mit		**sine**	ohne

33 Angriff und Verteidigung

certāre	certō, certāvī, certātum	kämpfen, wetteifern	
certāmen	certāminis *n.*	Wettkampf, Kampf, Schlacht	
dīmicāre	dīmicō, dīmicāvī, dimicatum	kämpfen; fechten	
dīmicāre dē capite		um sein Leben kämpfen	
cōnflīgere	cōnflīgō, cōnflīxī, cōnflīctum	zusammengeraten, kämpfen	D Konflikt E conflict F le conflit
contendere	contendō, contendī, contentum	kämpfen	
contentiō	contentiōnis *f.*	Anspannung, Streit	
contrōversia	contrōversiae *f.*	Meinungsverschiedenheit, Streit	D Kontroverse

adorīrī	adorior, adortus sum	angreifen	**Falsche Freunde!** E to adore (anbeten) F adorer
insilīre	insiliō, insiluī, insultum	aufspringen, hineinspringen	
occurrere	occurrō, occurrī, occursum	entgegentreten; begegnen	E to occur (ereignen, vorkommen)
occurrere eōrum cōnsiliīs *(Dat.)*		ihren Plänen entgegentreten	
occurrere perīculō		der Gefahr begegnen	
occurrere ōrātiōnī		auf die Rede antworten	
offendere	offendō, offendī, offēnsum	anstoßen, beleidigen	
Nē hāc rē eius animum offendam, vereor.		Ich fürchte, ihn damit zu beleidigen.	
ad eundem lapidem bis offendere		zweimal an denselben Stein stoßen (zweimal denselben Fehler begehen)	
dēfendere	dēfendō, dēfendī, dēfēnsum	abwehren, verteidigen	E to defend F défendre
dēpellere	dēpellō, dēpulī, dēpulsum	wegtreiben, vertreiben	
perīculum dēpellere		die Gefahr bannen	
inimīcum locō dēpellere		den Feind aus seiner Stellung vertreiben	
resistere	resistō, restitī	widerstehen	E to resist F résister
Appius restitit, nē sibi statua pōnerētur.		Appius wehrte sich dagegen, dass man ihm ein Denkmal errichtete.	
superāre	superō, superāvī, superātum	überragen; überwinden; überleben	
Gallōs bellō superāre		die Gallier im Krieg besiegen	
captae urbī superāre		die Einnahme der Stadt überleben	

cēdere	cēdō, cessī, cessūrus	gehen; weichen; nachgeben	F céder
Eōrum furōrī cessī.		Ihrer Wut musste ich nachgeben.	
ulcīscī	ulcīscor, ultus sum	(sich) rächen	
inimīcum prō iniūriīs acceptīs ulcīscī		sich am Gegner für erlittenes Unrecht rächen	
Hominēs iniūriās iniūriīs ulcīscuntur.		Die Menschen vergelten Unrecht mit Unrecht.	
patrem ulcīscī		den Vater rächen / für den Vater Rache nehmen	

Kämpfen: Bedeutungsnuancen

certāre	zur (sicheren) Entscheidung bringen
dīmicāre	(mit der Klinge entscheiden) kämpfen
cōnflīgere	(zusammenschlagen) zusammenstoßen
contendere	(sich mit jdm. messen) wetteifern
pūgnāre	mit der Faust kämpfen

34 Öffnen – Schließen, Zeigen – Verbergen

aperīre	aperiō, aperuī, apertum	öffnen; aufdecken	
aperīre portam		die Tür öffnen	
aperīre coniūrātiōnem		eine Verschwörung aufdecken	
aperīre quid agātur		offenlegen, was geschehen soll	
apertus	-a, -um	offen, offenkundig	
patefacere	patefaciō, patefēcī, patefactum (Pass.) patefierī	öffnen, enthüllen	
patēre	pateō, patuī	offenstehen, sich erstrecken	
Campus patet mīlia passuum tria (Akk.).		Die Ebene erstreckt sich über drei Meilen (4,5 km).	

ostendere	ostendō, ostendī, ostentum	zeigen, in Aussicht stellen	
Nihil sibi grātius ostendit futūrum.		Er deutete an, dass ihm nichts lieber sein würde/wäre.	
appārēre	appāreō, appāruī, appāritūrus	offenkundig sein, erscheinen	E to appear S apparaître
mōnstrāre	mōnstrō, mōnstrāvī, mōnstrātum	zeigen	F montrer
errantī viam mōnstrāre		einem umherirrenden Menschen den (rechten) Weg weisen	
vulgō *(Adv.)*		vor aller Welt, allgemein	
ut vulgō crēdunt		wie man gewöhnlich glaubt	
palam *(Adv.)*		öffentlich, vor aller Augen	
indīcere	indīcō, indīxī, indictum	ansagen, ankündigen	
bellum indīcere		den Krieg erklären	
indicium	indiciī *n.*	Angabe, Aussage; Kennzeichen	
sīgnificāre	sīgnificō, sīgnificāvī, sīgnificātum	bezeichnen; bedeuten	E to signify F signifier
ūnō verbō rēs duās sīgnificāre		mit einem Wort zwei Dinge bezeichnen	
sīgnum	sīgnī *n.*	Zeichen; Feldzeichen *(Zeichen militärischer Einheiten im Römischen Reich)*; Merkmal	D Signal E signal F un signe
sīgnō datō		auf ein Zeichen hin	
sīgna īnferre		angreifen	
cēlāre	cēlō, cēlāvī, cēlātum	verbergen; verheimlichen	
cupiditātem tegere et cēlāre		seine Begierde verheimlichen	
occultāre	occultō, occultāvī, occultātum	verbergen, verstecken	
abdere	abdō, abdidī, abditum	entfernen, verbergen	
sē in litterās abdere		sich zum Studium zurückziehen	
occultus	-a, -um	verborgen; geheim	

occultē *(Adv.)*		heimlich	
clam *(Adv.)*		heimlich	
clam an palam sententiam ferre		geheim oder offen abstimmen	
obscūrus	-a, -um	dunkel; unklar	D obskur F obscur
latēre	lateō, latuī	verborgen sein	D latent
Quidquid latet, appārēbit.		Alles Verborgene wird an den Tag kommen.	
sēcrētō *(Adv.)*		ohne Zeugen, unter vier Augen	E secret (geheim; Geheimnis) F (un) secret
condere	condō, condidī, conditum	verwahren; (ver)bergen	
condere frūctūs		die Früchte aufbewahren	
condere sē in silvīs		sich im Wald verbergen	
claudere	claudō, clausī, clausum	abschließen, einschließen	E to close
tegere	tegō, tēxī, tēctum	(be-)decken; schützen	
tegere patriam armīs		das Vaterland mit Waffengewalt schützen	
tegere tēlum veste		den Dolch unter der Kleidung verbergen	
tēctum	tēctī *n.*	Dach; Haus	
tēctō recipere		in sein Haus aufnehmen	

Gegensätze, Verwandtschaften und andere Beziehungen!

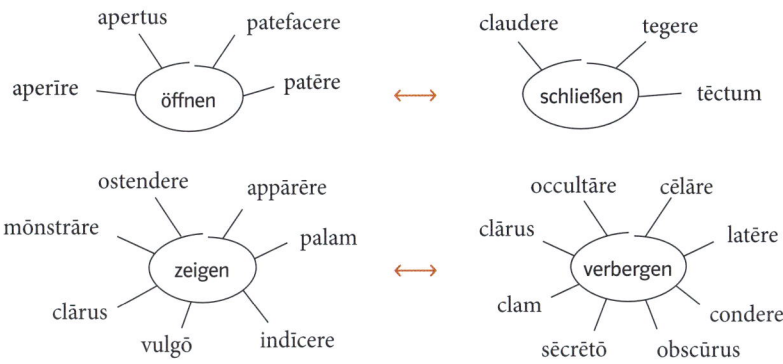

35 Kommen und Gehen

venīre	veniō, vēnī, ventum	kommen	F venir
Carthāgine venīre		aus Karthago kommen	
ex Siciliā venīre		aus Sizilien kommen	
Rōmam venīre		nach Rom kommen	
in urbem venīre		in die Stadt kommen	
advenīre	adveniō, advēnī, adventum	ankommen	
adventus	adventūs *m.*	Ankunft	D Advent
pervenīre	perveniō, pervēnī, perventum	(ans Ziel) gelangen; hinkommen	F parvenir
intrāre	intro, intrāvī	eintreten, betreten	E to enter F entrer
incēdere	incēdō, incessī, incessum	heranrücken; befallen	
ad portās urbis incēdere		an die Tore der Stadt heranrücken	
Māgnus timor omnium animīs *(Dat.)* incesserat.		Große Angst hatte alle ergriffen.	
cēdere	cēdō, cessī, cessūrus	**gehen; weichen**	F céder (weichen)
Arma cēdant togae *(Dat.)*!		Der Krieg mache dem Frieden Platz!	
Bene cessit.		Es ist gut ausgegangen.	
discēdere	discēdō, discessī, discessum	**auseinandergehen, weggehen**	
excēdere	excēdō, excessī, excessum	**hinausgehen; sich entfernen**	
vītā excēdere		sterben	
ēgredī	ēgredior, ēgressus sum	**hinausgehen; verlassen**	
(ē) nāve in terram ēgredī		an Land gehen	
ēvādere	ēvādō, ēvāsī, ēvāsum	**hinausgehen; entkommen**	F s'évader (ausbrechen, entfliehen)
recēdere	recēdō, recessī, recessum	**zurückweichen; sich zurückziehen**	
ab sententiā recēdere		seine Meinung aufgeben	

sēcēdere	sēcēdō, sēcessī, sēcessum	weggehen; sich absondern	
dēdūcere	dēdūcō, dēdūxī, dēductum	wegführen; hinführen, heimführen	**Falsche Freunde!** E to deduce (ableiten) F déduire
suōs ex agrīs in montēs dēdūcere		die eigenen Leute vom Land ins Gebirge (in Sicherheit) bringen	
colōniam dēdūcere		eine Kolonie gründen	
ēdūcere	ēdūcō, ēdūxī, ēductum	herausführen	**Falsche Freunde!** E education (Erziehung) F l'éducation
invādere	invādō, invāsī, invāsum	eindringen; angreifen	D Invasion
aggredī	aggredior, aggressus sum	herangehen, angreifen	D agressiv E aggressive F agressif
Aggrediāmur, quod suscēpimus!		Nehmen wir unser Vorhaben in Angriff!	
proficīscī	proficīscor, profectus sum	aufbrechen, reisen; marschieren	**Falsche Freunde!** profitieren
ex Asiā Rōmam proficīscī		aus der Provinz Asia nach Rom reisen	
revertī	revertor, revertī *(im Perf. aktive Formen)*, reversum	zurückkehren	
ex itinere domum revertī		von einer Reise nach Hause zurückkehren	
ad idem argūmentum revertī		auf eben dieses Thema zurückkommen	
admovēre	admōvī, admōtum	heranbringen, hinzuziehen	

Gegensätze ziehen sich an!

incēdere	heranrücken; befallen		cēdere	gehen; weichen
invādere	eindringen; angreifen		ēvādere	hinausgehen; entkommen
proficīscī	aufbrechen, reisen; marschieren	⟷	revertī	zurückkehren
admovēre	heranbringen, hinzuziehen		dēdūcere	wegführen; hinführen
intrāre	eintreten, betreten		ēgredī	hinausgehen; verlassen

97

Mensch und Natur

36 Werden und Vergehen

Latein	Formen	Deutsch	Sprachen
orīrī	orior, ortus sum	entstehen, abstammen	
Quod numquam orītur, nē occidit quidem umquam.		Was niemals entstanden ist, geht auch nie zugrunde.	
(sōl) oriēns		Osten, Orient	
nōbilī genere ortus		von vornehmer Abkunft	
orīgō	orīginis f.	Ursprung	D Original E origin F l'origine
orīginem ab Aenēā trahere		seine Herkunft von Aeneas ableiten	
(g)nāscī	nāscor, nātus sum	geboren werden, entstehen	F naître
nātus	nātūs m.	Geburt; Lebensalter	E native (gebürtig, beheimatet) F être né (geboren sein)
Vīgintī annōs nātus		zwanzig Jahre alt	
māior (minor) nātū		älter (jünger)	
Ad dīcendum nātus est.		Er ist der geborene Redner.	
nātūra	nātūrae f.	Natur, Wesen	E nature F la nature
rērum nātūra		das Wesen der Dinge	
ex(s)istere	ex(s)istō, exstitī	hervortreten; entstehen	
Māgna inter eōs exstitit contrōversia.		Es kam zu einer schweren Auseinandersetzung zwischen ihnen.	
generāre	generō, generāvī, generātum	(er)zeugen, hervorbringen	D generieren E to generate F générer
gignere	gignō, genuī, genitum	erzeugen, gebären, hervorbringen	
Ex avāritiā omnia scelera gignuntur.		Aus der Habsucht entstehen alle Verbrechen.	
parere	pariō, peperī, partum	hervorbringen, gebären; erwerben	
verba nova parere		neue Worte prägen	
Fīlium ex eō peperit.		Sie bekam einen Sohn von ihm.	

crēscere	crēscō, crēvī, crētum	wachsen	F la croissance (Wachstum)
Flūmen ex nivibus crēscit.		Infolge der Schneeschmelze steigt der Fluss an.	
pūbēscere	pūbēscō, pūbuī	heranwachsen, sich entwickeln	
adolēscere	adolēscō, adolēvī, adultum	heranwachsen	
adulēscēns	adulēscentis, Subst. m.	jung; Subst. junger Mann	E adolescent F un adolescent
Illī erant senēs adulēscente mē.		Jene waren schon alte Männer, als ich jung war.	
adulēscentia	adulēscentiae f.	Jugend	D Adoleszenz E adolescence F l'adolescence
mātūrus	-a, -um	reif; zeitig, früh	
mātūrus imperiō (Dat.)		reif zur Übernahme einer führenden Stellung	
dēficere	dēficiō, dēfēcī, dēfectum	abnehmen, schwinden; mangeln	D Defizit; Defekt
Vīrēs mē dēficiunt.		Die Kräfte verlassen mich.	
animō dēficere		den Mut verlieren	
morī	morior, mortuus sum; moritūrus	sterben	F mourir

> ❗ *Dē mortuīs nīl (= nihil) nisi bene* (über Verstorbene nur wohlwollend sprechen) ist ein aus dem Griechischen ins Römische übernommenes Sprichwort (wörtlich: „Über Verstorbene nichts [sagen], es sei denn gut [gcmcint]").

mors	mortis f.	Tod	F la mort
mortālis	mortāle, Gen. mortālis	sterblich	E mortal F mortel
perīre	pereō, periī, peritūrus	zugrunde gehen	E to perish F périr
interīre	intereō, interiī, interitūrus	untergehen	
occidere	occidō, occidī, occāsūrus	zugrunde-, untergehen	
(sōl) occidēns		Abend; Westen; Abendland	

| concidere | concidō, concidī | zusammenfallen | |
| Tēlō trāiectus concidit. | | Von einem Geschoss durchbohrt, brach er zusammen. | |

īnfāns	*Gen.* īnfantis	noch nicht sprechend, stammelnd; *Subst.* kleines Kind	E infant F un enfant
tener	tenera, tenerum	zart, weich; jugendlich	E tender (zart) F tendre
iuvenis	*Gen.* iuvenis *m.*	jung; *Subst.* junger Mann	E young F jeune
iuventūs	iuventutis *f.*	Jugend	F la jeunesse
senex	senis *m. f.*	alt; *Subst.* Greis, Greisin	D Senior
senectūs	senectūtis *f.*	Alter	
anus	anūs *f.*	alte Frau, Greisin	

Gegensätze ziehen sich an!

nāscī	geboren werden		morī	sterben
gignere	erzeugen, gebären, hervorbringen		perīre	zugrunde gehen
nātus	Geburt	⟷	mors	Tod
iuventūs	Jugend		senectūs	Alter
iuvenis	jung		senex	alt

37 Zustandsformen und Bewegungen

sedēre	sedeō, sēdī, sessum	sitzen	
domī sedēre		(untätig) zu Hause (herum)sitzen	
sēdēs	sēdis *f.*	Sitz; Wohnsitz	E seat F le siège
cōnsīdere	cōnsīdō, cōnsēdī, cōnsessum	sich niederlassen	
surgere	surgō, surrēxī, surrēctum	aufstehen, sich erheben	F surgir (auftauchen)
Pars urbis surgit in arcem.		Ein Teil der Stadt zieht sich zur Burg hinauf.	
stāre	stō, stetī, statum	stehen	E to stay (bleiben)

status	statūs *m.*	Zustand; Lage	D Status
status reī pūblicae		der Zustand des Staates	E status

 Status quō und *Status quō ante (bellum)*. Mit *Status quō* wird ein bestehender Zustand bezeichnet; mit *Status quō ante* der Zustand vor einem einschneidenden Ereignis.

cōnsistere	cōnsistō, cōnstitī	sich aufstellen; Halt machen	**Falsche Freunde!**
sub monte cōnsistere (cōnsīdere)		am Fuß des Berges Halt machen, lagern	E to consist of (bestehen aus) F consister en
cōnstāre	cōnstō, cōnstitī, cōnstātūrus	feststehen, bestehen aus	F constater (feststellen)
in sententiā cōnstāre		bei seiner Meinung bleiben	
Cōnstat alterum vīcisse.		Es ist bekannt/Es steht fest, dass der andere gesiegt hat.	

iacēre	iaceō, iacuī, iacitūrus	liegen	
adiacēre	adiaceō, adiacuī	anliegen, angrenzen	
iacere	iaciō, iēcī, iactum	werfen	
Iacta sunt fundāmenta.		Die Fundamente sind gelegt.	
dēicere	dēiciō, dēiēcī, dēiectum	umwerfen, niederwerfen	
hostēs dē mūrō dēicere		die Feinde von der Mauer stürzen	
mūrōs dēicere		die Mauern einreißen	
iactāre	iactō, iactāvī, iactātum	schleudern	
Iactāta est tempestāte nāvis.		Das Schiff wurde vom Sturm hin und her geworfen.	

haerēre	haereō, haesī, haesūrus	stecken bleiben, festhängen	
in palūde haerēre		im Sumpf stecken bleiben	
pendēre	pendeō, pependī	(herab)hängen, schweben	D pendeln; Pendel
Sapiēns nōn pendet ex futūrīs.		Der Weise schaut nicht ängstlich in die Zukunft.	

lābī	lābor, lāpsus sum	gleiten, fallen	
Lābentem et prope cadentem rem pūblicam sustinēre operae pretium est.		Es ist der Mühe wert, den wankenden, fast schon verfallenden Staat wieder aufzurichten.	
cadere	cadō, cecidī, cāsūrus	fallen	
cāsus	cāsūs *m.*	Fall; Zufall	D Kasus F le cas

38 Arten materieller Einwirkung

Mit „Arten materieller Einwirkung" sind alle möglichen Einwirkungen gemeint, die von Menschen, aber auch anderen Lebewesen oder Naturkräften auf physische Substanz ausgeübt werden können.

tendere	tendō, tetendī, tentum	spannen, (sich) ausdehnen; (nach etw.) streben	
arcum tendere		den Bogen spannen	
Dubitō, an Athēnās tendam.		Ich weiß nicht, ob ich nach Athen fahren soll.	
flectere	flectō, flexī, flexum	beugen, biegen	D flexibel E F flexible
cursum flectere		die Richtung ändern	
animōs flectere		umstimmen	
vertere	vertō, vertī, versum	wenden, drehen	
ē Graecō in Latīnum vertere		aus dem Griechischen ins Lateinische übersetzen	
Omnia vertuntur.		Alles verändert sich.	

 Ein Wunsch für gutes Gelingen lautet *Quod Deus bene vertat.*
(Was Gott zum Guten wenden möge.)

volāre	volō, volāvī	fliegen	F voler
volvere	volvō, volvī, volūtum	wälzen, rollen	
volventibus annīs		im Lauf der Jahre	

tangere *und* attingere	tangō, tetigī, tāctum attingō, attigī, attāctum	berühren	**Falsche Freunde!** D Tango
Haec cīvitās Rhēnum tangit.		Dieser Volksstamm grenzt an den Rhein.	

Nōlī mē tangere! (Rühr mich nicht an!) ist eine andere Bezeichnung für das Große Springkraut aus der Botanik, da die Fruchtkapseln bei Berührung blitzschnell aufreißen. Der Ausdruck stammt aus dem Johannesevangelium in der lateinischen Übersetzung; dort sagt dies der auferstandene Jesus zu Maria Magdalena.

concutere	concutiō, concussī, concussum	schütteln, erschüttern	
Terra ingentī mōtū concutitur.		Die Erde wird durch ein gewaltiges Beben erschüttert.	
percutere	percutiō, percussī, percussum	erschüttern, durchbohren	
crepāre	crepō, crepuī, crepitum	ertönen, rauschen, klappern	**Falsche Freunde!** D krepieren
pellere	pellō, pepulī, pulsum	treiben, stoßen, schlagen	
Equī humum pedibus pellunt.		Die Pferde stampfen die Erde mit ihren Hufen.	
In exilium pulsus est.		Er ist verbannt worden.	
prehendere	prehendō, prehendī, prehēnsum	ergreifen, (ein)nehmen	F prendre
fīgere	fīgō, fīxī, fīxum	befestigen, anheften; durchbohren	D fixieren E to fix F fixer
sagittīs figere		mit Pfeilen durchbohren	
Lēx in Capitōliō fixa est.		Der Wortlaut des Gesetzes ist auf dem Kapitol angeschlagen worden.	
caedere	caedō, cecīdī, caesum	fallen, niederhauen	
caedēs	caedis f.	Mord, Blutbad	
secāre	secō, secuī, sectum	(ab)schneiden	D sezieren
frangere	frangō, frēgī, frāctum	etw. zerbrechen	D Fraktur
foedus frangere		den Vertrag brechen	
rumpere	rumpō, rūpī, ruptum	etw. zerbrechen, zerreißen	F rompre
vincula rumpere		die Fesseln sprengen	
complēre	compleō, complēvī, complētum	anfüllen, vollfüllen	E complete F complet

plēnus	-a, -um	voll	**F** plein
plēnus timōris		voller Furcht, angst-erfüllt	
vacuus	-a, -um	leer, frei von	
locus plēnus hominum, amīcīs *(Abl.)* vacuus		ein Platz voller Menschen, doch ohne Freunde	
vacāre	vacō, vacāvī, vacātūrus	leer sein; frei sein von	
vacāre culpā *(Abl.)*		frei von Schuld sein	
dolōre vacāre		frei von Schmerz sein	
inānis	ināne, *Gen.* inānis	leer, wertlos	
falsō atque inānī metū		aus falscher und gegenstandsloser Furcht	
inānis superbia		eitler Hochmut	

Gegensätze ziehen sich an!

plēnus	voll	⟷	**vacuus**	leer

39 Gesundheit und Krankheit

valēre	valeō, valuī, valitūrus	gesund sein, stark sein; gelten	
Dā operam, ut valeās!		Sieh zu, dass du gesund bleibst!	
valens	*Gen.* valentis	kräftig, gesund, stark	
validus	-a, -um	gesund, stark	**D** Invalide
ex morbō nōndum satis validus		nach seiner Krankheit noch nicht wiederhergestellt	
valētūdō	valētūdinis *f.*	Gesundheit(szustand)	
bonā valētūdine esse		bei guter Gesundheit sein	
salūs	salūtis *f.*	Wohlergehen, Heil; Rettung	
salūtem tōtīus prōvinciae dēfendere		das Wohlergehen der ganzen Provinz bewahren	
salūtī dēspērāre		die Hoffnung auf Rettung aufgeben	

salvus	-a, -um	wohlbehalten, unverletzt	E safe F sauf
incolumis	incolume, *Gen.* incolumis	unverletzt, unversehrt	
Līberī salvī atque incolumēs rediērunt.		Die Kinder kamen wohlbehalten zurück.	
sānus	-a, -um	gesund; bei Verstand	F sain
īnsānus	-a, -um	wahnsinnig, irrsinnig	E insane
furor	furōris *m.*	Raserei, Wut	F la fureur
aeger	aegra, aegrum	krank; traurig	
morbus	morbī *m.*	Krankheit	
pestis	pestis *f.*	Seuche, Verderben, Unheil	D Pest F la peste
pestem ā rē pūblicā dēpellere		den Untergang des Staates verhindern	
vulnus	vulneris *n.*	Wunde	E vulnerable (verwundbar, verletzlich) F vulnérable
vulneribus cōnfectus		tödlich verwundet	
vulnerāre	vulnerō, vulnerāvī, vulnerātum	verwunden	
medicus	medicī *m.*	Arzt	F le médecin
venēnum	venēnī *n.*	Zaubertrank; Gift	

Gegensätze ziehen sich an!

validus	gesund, stark		aeger	krank; traurig
valetūdō	Gesundheit		morbus	Krankheit
salvus	wohlbehalten, unverletzt	⟷	vulnerātus	verwundet
sānus	gesund, bei Verstand		īnsānus	wahnsinnig, irrsinnig

40 Tier- und Pflanzenwelt

animal	animālis *n.*	Lebewesen	E animal F un animal
bēstia ad bēstiās mittere	bēstiae *f.*	(wildes) Tier zum Kampf mit Raubtieren (im Zirkus) verurteilen	D Bestie E beast F une bête
ferus	-a, -um	wild, ungezähmt	
fera Multa genera ferārum nāscuntur.	ferae *f.*	wildes Tier Es gibt viele Arten von Wild.	
ferōx	*Gen.* ferōcis	wild, trotzig	F féroce
avis	avis *f.*	Vogel	F un avion **Falsche Freunde!** F l'avis (Meinung)
piscis Piscibus atque avium ōvīs *(Abl.)* vīvunt.	piscis *m.*	Fisch Sie leben von Fischen und Vogeleiern.	**Falsche Freunde!** F la piscine (Schwimmbad)
bōs	bovis *m.*	Rind; Kuh; Ochse	F un bœuf
canis Cavē canem!	canis *m./f.*	Hund/Hündin Vorsicht vor dem (bissigen) Hund!	F un chien
equus	equī *m.*	Pferd	
leō	leōnis *m.*	Löwe	E lion F un lion
lupus	lupī *m.*	Wolf	F un loup
arbor arborēs caedere	arboris *f.*	Baum Bäume fällen	F un arbre
silva	silvae *f.*	Wald	
folium	foliī *n.*	Blatt	D Folie F une feuille
herba terra vestīta flōribus et herbīs	herbae *f.*	Kraut; Gras die mit Blumen und Gräsern bewachsene Erde	F l'herbe
sēmen	sēminis *n.*	Samen, Ursprung	
flōs	flōris *m.*	Blume, Blüte	D Flora E flower F une fleur

flōrēre	flōreō, flōruī	blühen	D florieren
			E to flourish
flōrente senātū		zu der Zeit, als der Senat Ansehen genoss	F fleurir

frūctus	frūctūs m.	Frucht; Ertrag, Nutzen	E fruit
frūctus labōris		der Ertrag der Mühen	F le fruit
frūmentum	frūmentī n.	Getreide	
fruī	fruor, frūctus sum m. Abl.	genießen, sich erfreuen	
vītae commodīs (Abl.) fruī		die Annehmlichkeiten des Lebens genießen	
carpere	carpō, carpsī, carptum	pflücken, abreißen	
Carpe diem quam minimum crēdula posterō!		Koste den Tag aus, und traue so wenig wie möglich dem folgenden!	
serere	serō, sēvī, satum	(aus)säen, (be)pflanzen; verursachen	

41 Wasser

aqua	aquae f.	Wasser	D Aquarium
liquidus	-a, -um	flüssig, klar	
haurīre	hauriō, hausī, haustum	schöpfen; trinken	
eōdem fonte haurīre		aus derselben Quelle schöpfen	
fundere	fundō, fūdī, fūsum	(aus)gießen; zerstreuen	
in mare fundere aquās		Wasser ins Meer gießen (= Überflüssiges tun)	
hostēs fundere		die Feinde in die Flucht schlagen	
effundere	effundō, effūdī effūsum	ausgießen, verschütten	

fōns	fontis m.	Quelle; Ursprung	D Fontäne (Springbrunnen)
			E fountain (Brunnen)
			F une fontaine

fretum	fretī *n.*	Kanal; Meer	
flūmen	flūminis *n.*	Fluss, Strom	
secundō flūmine, adversō flūmine		flussabwärts, flussaufwärts	
gurges	gurgitis *m.*	Strudel; Abgrund	
flūctus	flūctūs *m.*	Fließen, Flut	
sē cīvīlibus flūctibus *(Dat.)* committere		sich den Stürmen des politischen Lebens aussetzen	
fluere	fluō, flūxī, flūxum	fließen, strömen	
mergere	mergō, mersī, mersum	(ein)tauchen, versenken	
amnis	amnis *m.*	Strom, Fluss	
rapidus	-a, -um	reißend, schnell	F rapide
lacus	lacūs *m.*	See, Teich	E lake F un lac
rīpa	rīpae *f.*	Ufer	
vadum	vadī *n.*	Untiefe, Furt	
Rhodanus nōnnūllīs locīs vadō trānsitur.		Die Rhone kann man an einigen Stellen durch eine Furt überqueren.	
ōstium	ōstiī *n.*	Mündung; Eingang	
ōstium Tiberis		Tibermündung	

42 Feuer

īgnis	īgnis *m.*	Feuer, Brand	
Ignis interitūrus est, nisī alitur.		Wenn es nicht genährt wird, wird das Feuer erlöschen.	
flamma	flammae *f.*	Flamme, Feuer, Glut	E flame F une flamme
Aquae multitūdine flammae vīs opprimitur.		Durch die Menge des Löschwassers wird das Feuer erstickt.	
cinis	cineris *m.*	Asche	
ārdēre	ārdeō, ārsī, ārsūrus	brennen	
ūrere	ūrō, ussī, ustum	versengen, verbrennen	D Urne
accendere	accendō, accendī, accēnsum	anzünden, anfeuern	

incendere	incendō, incendī, incēnsum	in Brand stecken, entflammen	
Incendor cottīdiē magis dēsīderiō studiōrum.		Ich werde täglich mehr von Sehnsucht nach meinen Studien erfasst.	
incendium	incendiī *n.*	Brand, Feuer	F une incendie
ex(s)tinguere	ex(s)tinguō, ex(s)tīnxī, ex(s)tīnctum	auslöschen; vertilgen	E to extinguish F éteindre
incendium exstinguere		einen Brand löschen	
imperium exstinguere		die Herrschaft beseitigen	

43 Licht und Farbe

lūx	lūcis *f.*	Licht; Helligkeit	
rēs occultās in lūcem prōferre		verborgene Dinge ans Licht bringen	
prīmā lūce		bei Tagesanbruch	
lūmen	lūminis *n.*	Licht; Leuchte	D Illumination
lūmina āmittere		das Augenlicht verlieren	E illumination F illuminer, la lumière
lūminibus accēnsīs		bei Licht der Lampen	
lūcēre	lūceō, luxī	leuchten	
lūcifer	-fera, -ferum	lichtbringend	
color	colōris *m.*	Farbe	E colour
colōrem dūcere		eine Farbe annehmen, sich färben	F la couleur
color Latīnus		lateinische Ausdrucksweise	
āter	ātra, ātrum	schwarz; finster	
diēs āter		Unglückstag	
niger	nigra, nigrum	schwarz, von dunkler Farbe	
nigrae nūbēs		dunkle Wolken	
candidus	-a, -um	strahlend, schneeweiß	D Kandidat
equus candidus		Schimmel	F un candidat
toga candida		(geweißte) Toga der Bewerber um ein Regierungsamt	

varius	-a, -um	bunt, mannigfaltig	F varié
flōrēs variī		bunte Blumen	
variīs dictīs sententiīs		nachdem die unterschiedlichen Meinungen vorgetragen waren	

44 Himmel, Wetter

caelum	caelī n.	Himmel; Wetter, Klima	F le ciel
Iam corpore vix sustineō gravitātem huius caelī.		Das ungünstige Klima hier halte ich kaum noch aus.	
caelestis	caeleste, Gen. caelestis	himmlisch, am Himmel	E celestial F céleste
caelestia	Subst. n. Pl.	Himmelskörper; Sterne	
caelestium perītus		sternenkundig	
sīdus	sīderis n.	Gestirn, Sternbild	
sīdereus	-a, -um	himmlisch; strahlend	
sōl	sōlis m.	Sonne	D solar F le soleil, solaire **Falsche Freunde!** F le sol (Boden)
lūna	lūnae f.	Mond	F la lune
Lūna incurrit in umbram terrae.		Der Mond tritt in den Erdschatten ein.	
tenebrae	tenebrārum f. Pl.	Dunkelheit	F ténébreux (dunkel, finster)
ūniversum	ūniversī n.	Weltall	D Universum E universe F l'univers
orbis	orbis m.	Kreis	D Orbit E orbit
(in) tōtō orbe terrārum		überall auf der Welt	
orbis terrārum		Erdkreis, Welt	

! *Urbī et ōrbī* heißt der Segen, den der Papst an besonderen Festtagen der Stadt (Rom) und dem Erdkreis (d. h. der ganzen Erde) spendet.

mundus	mundī m.	Welt; Weltall	F le monde

āēr	āēris *m.*	Luft	E air
			F l'air
Aēr et ignis et aqua et terra prīma sunt.		Luft, Feuer, Wasser und Erde sind die Urelemente.	
aura	aurae *f.*	Luft, Hauch	**Falsche Freunde!**
			D Aura (Ausstrahlung)
ventus	ventī *m.*	Wind	F le vent
lēnī ventō nāvigāre		bei leichtem Wind segeln	
tempestās	tempestātis *f.*	Zeitabschnitt; Unwetter	E tempest
			F la tempête
vehemēns	*Gen.* vehementis	heftig	D vehement
tempestās vehemēns		ein heftiger Sturm	F véhément
fulgēre	fulgeō *und* fulgō, fulsi	blitzen; strahlen, glänzen	
lēnis	lēne, *Gen.* lēnis	mild, sanft	
placidus	-a, -um	sanft, friedlich	

umbra	umbrae *f.*	Schatten	F l'ombre
			Falsche Freunde!
			E umbrella (Regenschirm)
nūbēs	nūbis *f.*	Wolke	
imber	imbris *m.*	Regen	
In caelō nūbēs, imbrēs ventīque cōguntur.		In der Atmosphäre ballen sich Wolken, Regen und Winde zusammen.	
nix	nivis *f.*	Schnee	F la neige
frīgus	frīgoris *n.*	Kälte, Frost	
frīgidus	-a, -um	kalt, starr	F froid
spīritus frīgidus		kalter Luftzug	
aestus	aestūs *m.*	Brandung, Flut; Hitze, Glut	
aestū labōrāre		unter der Hitze leiden	

Gegensätze ziehen sich an!

vehemēns	heftig		lēnis	mild, sanft
frīgus	Kälte, Frost	⟷	aestus	Hitze, Glut

45 Meer, Seefahrt

mare	maris *n.*	Meer	F la mer
mare nostrum		das Mittelmeer	
maritimus	-a, -um	am Meer gelegen; See-, Küsten-	D maritim F maritime
Aestūs maritimī ortū aut obitū lūnae commoventur.		Die Gezeiten werden durch Auf- und Untergang des Mondes ausgelöst.	
tranquillus	-a, -um	ruhig, still	E tranquil F tranquille
mare tranquillum		Meeresstille	
aequor	aequoris *n.*	Ebene; Wasserfläche	**Falsche Freunde!** D Äquator
aestus	aestūs *m.*	Flut, Brandung	
unda	undae *f.*	Welle, Woge	F une onde
abundāre	abundō, abundāvī, abundātūrus	überströmen, im Überfluss vorhanden sein	
ōra	ōrae *f.*	Küste	
ōra maritima		Küstenlandschaft	
lītus	lītoris *n.*	Küste, Strand	F le littoral
secundum lītus castra facere		das Lager unmittelbar am Strand aufschlagen	
sinus	sinūs *m.*	Bucht; Bausch (eines Gewandes); Busen	
sinus maritimus		Meeresbucht	
in sinū amīcī		im Herzen des Freundes	
continēre	contineō, continuī, contentum	festhalten; umfassen	
Urbe portus ipse cingitur et continētur.		Der eigentliche Hafen ist von der Stadt *(Syrakus)* umgeben und eingefasst.	
(terra) continēns	(terrae) continentis *f.*	Festland	
īnsula	īnsulae *f.*	Insel	E island, F une île
nāvis	nāvis *f.*	Schiff	F un navire
nāvigāre	nāvigō, nāvigāvī, nāvigātum	segeln, (zur See) fahren	D navigieren E to navigate F naviguer
tranquillō nāvigāre		bei ruhiger See reisen	

nauta	nautae *m.*	Seemann, Matrose	
ancora	ancorae *f.*	Anker	
carīna	carīnae *f.*	Kiel	
prōra	prōrae *f.*	Bug	
puppis	puppis *f.*	Achterdeck, Heck	
classis	classis *f.*	Abteilung; Flotte	
classis centum nāvium		eine Flotte von 100 Schiffen	
ratis	ratis *f.*	Floß; Schiff	
rēmus	rēmī *m.*	Ruder	
vēlum	vēlī *n.*	Segel, Tuch	F la voile
vēla in altum dare		aufs hohe Meer hinaussegeln	

Gegensätze ziehen sich an!

mare tranquillum	Meeresstille	←→	aestus	Flut, Brandung
continēns	Festland		īnsula	Insel

46 Erde, Landschaft, Bodenschätze

terra	terrae *f.*	Erde; Land	F la terre
terrā marīque pūgnāre		zu Wasser und zu Lande kämpfen	
tellūs	tellūris *f.*	Erde, Erdboden	
aedēs Tellūris		der Tempel der Göttin Erde	
humus	humī *f.*	Erdboden, Erde	D Humus
humī iacēre (humī: *Lokativ*)		am Boden liegen	
solum	solī *n.*	Boden, Erdboden	F le sol
urbem solō *(Dat.)* aequāre		die Stadt dem Erdboden gleichmachen	
ager	agrī *m.*	Acker, Feld; Gebiet	D Agrar-
ager Sabīnus		Sabinerland	
campus	campī *m.*	freier Platz, Feld	D Campus F le champ
cōpiās ex locīs superiōribus in campum dūcere		die Truppen aus dem höher liegenden Gelände in die Ebene führen	

plānus	-a, -um	flach, eben; deutlich	E plain (flach)
arduus	-a, -um	steil; schwierig	
asper	-a, -um	rau, uneben	
collis	collis *m.*	Hügel	F une colline

mōns
  summum iugum
  montis
	montis *m.*	Berg
		  Gebirgskamm
			E mountain
			F une montagne

iugum	iugī *n.*	Joch; Bergrücken	
ascendere	ascendō, ascendī, ascēnsum	hinaufsteigen	F un ascenseur (Aufzug)
dēscendere	dēscendō, dēscendī, dēscēnsum	herabsteigen	F descendre

vallis
  dē monte in vallem
  dēscendere
	vallis *f.*	Tal
		  vom Berg ins Tal
		  hinabsteigen
			E valley
			F une vallée

palūs	palūdis *f.*	Sumpf	
solidus	-a, -um	fest; dauerhaft	D solide, E solid, F solide
dūrus	-a, -um	hart; beschwerlich	F dur

mollis
  lītus molle atque
  apertum
	molle, *Gen.* mollis	weich, mild
		  sanft ansteigender
		  und offener Strand	

(h)arēna	(h)arēnae *f.*	Sand; Kampfplatz, Kampf (der Gladiatoren)	D Arena F une arène

saxum
  Oppidum
  praeruptissimīs saxīs
  erat mūnītum.
	saxī *n.*	Fels, Stein
		  Die Stadt war durch
		  abschüssige Felsen
		  geschützt.	

aes	aeris *n.*	Erz	
ferrum	ferrī *n.*	Eisen	F le fer
argentum	argentī *n.*	Silber	F l'argent
aurum	aurī *n.*	Gold	F l'or
aureus	-a, -um	golden	

Gegensätze ziehen sich an!

plānus	flach, eben		arduus	steil; schwierig
ascendere	hinaufsteigen		dēscendere	herabsteigen
dūrus	hart	⟷	mollis	weich
mōns	Berg		vallis	Tal
(h)arēna	Sand		saxum	Stein

47 Haus und Familie

familia	familiae *f.*	Hausgemeinschaft, Familie	E family F la famille

 Die Hausgemeinschaft *(familia)* der besser gestellten Römer bestand aus Frelen und Sklaven. Das Familienoberhaupt *(pater familiās)* hatte Macht über alle Mitglieder der familia *(patria potestās)*.

familiāris	familiāre, *(Gen.)* familiāris	vertraut, bekannt; *(Subst.)* Freund des Hauses	E familiar F familier

domus
  domī esse
  domum īre
	domūs *f.*	Haus
		  zu Hause sein
		  nach Hause gehen
			D Dom
			E dome

domesticus	-a, -um	häuslich, einheimisch	
dominus	dominī *m.*	Herr, Hausherr	
domina	dominae *f.*	Herrin	
līberī	līberōrum *m. Pl.*	Kinder *(die freigeborenen Mitglieder der ‚familia')*	

līber
  Iūre cīvīlī, quī est
  mātre līberā, līber est.
	-a, -um	frei
		  Nach römischem Recht ist derjenige frei, der von einer freien Mutter (d. h. keiner Sklavin) geboren ist.
			F libre

servus *auch* servus	servī *m.*; -a, -um	Sklave; dienstbar	

 Ein Sklave konnten vom *pater familiās* in die Freiheit entlassen werden. Als Freigelassener *(lībertus)* wurde er dann bestenfalls zum römischen Bürger mit eingeschränkten Rechten und blieb seinem jetzigen Herrn *(patrōnus)* weitestgehend verpflichtet.

serva	servae *f.*	Sklavin	
servīre	serviō, servīvī, servītum	Sklave sein, dienen	D servieren E to serve F servir

servitūs	servitūtis *f.*	Sklaverei, Knechtschaft	
līberāre	līberō, līberāvī, līberātum	befreien, freilassen	**F** libérer
crīmine līberāre		von der Anschuldigung befreien	
lībertās	lībertātis *f.*	Freiheit	**E** liberty **F** la liberté
lībertus	lībertī *m.*	Freigelassener	
patrēs	patrum *m. Pl.*	Vorfahren	
māiōrēs	māiōrum *m. Pl.*	Vorfahren, Ahnen	
patrum māiōrumque memoriā		zur Zeit unserer Vorfahren	
posterī	posterōrum *m. Pl.*	Nachkommen, Nachwelt	
mōs ā posterīs nōn retentus		eine Sitte, die von späteren Generationen nicht beibehalten wurde	
prōlēs	prōlis *f.*	Nachkomme, Nachkommenschaft	
necessārius	-a, -um	notwendig; nahe stehend, verwandt	**E** necessary **F** nécessaire
amīcī necessāriīque		Freunde und Verwandte	
propinquus	-a, -um	nahe, benachbart; verwandt; *(Subst.)* Verwandter	

Gegensätze, Verwandtschaften und andere Beziehungen!

dominus	Herr, Hausherr		**domina**	Herrin
servus	Sklave		**serva**	Sklavin
māiōrēs	Vorfahren, Ahnen	⟷	**posterī**	Nchkommen, Nachwelt
lībertās	Freiheit		**servitūs**	Sklaverei; Knechtschaft

48 Geschlecht und Verwandtschaft

gēns	gentis *f.*	Geschlecht (Sippe); Stamm, Volk	F les gens (die Leute)
patrēs māiōrum gentium		die Senatoren aus den alten patrizischen Geschlechtern	
Suēbōrum gēns		der Volksstamm der Sueben	
omnēs eius gentis nātiōnēs		alle Stämme dieses Volkes	
genus	generis *n.*	Geschlecht, Art	F le genre
amplissimō genere nātus		aus einer sehr bedeutenden Familie stammend	
varia genera bēstiārum		verschiedene Arten wilder Tiere	

vir	virī *m.*	Mann	
fēmina	fēminae *f.*	Frau *(weibl. Wesen)*	F une femme
mulier	mulieris *f.*	Frau	
virgō	virginis *f.*	junge, unverheiratete Frau; Jungfrau	E virgin (Jungfrau) F une vierge
marītus	marītī *m.*	Ehemann	F le mari
uxor	uxōris *f.*	Ehefrau	
coniū(n)x	coniugis *m./f.*	Gatte; Gattin	

 Freie Römer führten drei Namen: *nōmen, nōmen gentīle* (etwa: Familienname) und *cōgnōmen* (Beiname), z. B. *Gāius Iūlius Caesar*. Die Söhne wurden oft nach ihrem Platz in der Geschwisterreihe benannt, z. B. Quīntus, Sextus, die Töchter erhielten die feminine Form des *nōmen gentīle*, z. B. *Iūlia*.

coniugium	coniugiī *n.*	Ehe	
nūbere	nūbō, nūpsī, nūptum	heiraten	
Cornēlia Semprōniō *(Dat.)* nūbit.		Cornelia heiratet Sempronius.	
cōnūbium	cōnūbiī *n.*	Vermählung, Ehebund	
nūptiae	nūptiārum *f.*	Hochzeit	
mātrimōnium	mātrimōniī *n.*	Ehe	E matrimony
Semprōnius Cornēliam in mātrimōnium dūcit (uxōrem dūcit).		Sempronius heiratet Cornelia.	

dōs	dōtis *f.*	Mitgift, Gabe	**Falsche Freunde!** F le dos (Rücken)
parentēs	parentum *m. Pl.*	Eltern	E parents F les parents
pater	patris *m.*	Vater	F le père

māter
  amor mātris
	mātris *f.*	Mutter
		  die Liebe zur Mutter;
		  die Liebe der Mutter
			F la mère

nātus	nātī *m.*	Sohn	
nāta	nātae *f.*	Tochter	
fīlius	fīliī *m.*	Sohn	D Filius, F le fils
fīlia	fīliae *f.*	Tochter	F la fille
frāter	frātris *m.*	Bruder	F le frère
soror	sorōris *f.*	Schwester	F la sœur
avus	avī *m.*	Großvater	
nepōs	nepōtis *m.*	Enkel; Neffe	
noverca	novercae *f.*	Stiefmutter	

Gegensätze, Verwandtschaften und andere Beziehungen!

vir	Mann		fēmina	Frau
marītus	Ehemann		**uxor**	Ehefrau
pater	Vater	⟷	**māter**	Mutter
nātus	Sohn		**nāta**	Tochter
fīlius	Sohn		**fīlia**	Tochter
frāter	Bruder		**soror**	Schwester

49 Freizeit und Muße

ōtium
  Otium ad
  scrībendum
  potissimum cōnferō.
	ōtiī *n.*	freie Zeit, Muße, Ruhe
		  Ich verwende meine
		  freie Zeit vor allem
		  zum Schreiben.	

negōtium
  Scīpiō in ōtiō dē
  negōtiīs cōgitāre et
  in sōlitūdine sēcum
  loquī solitus erat.
	negōtiī *n.*	Geschäft, Aufgabe
		  Scipio war es ge-
		  wohnt, während sei-
		  ner Mußezeit über die
		  Staatsgeschäfte nach-
		  zudenken und, wenn
		  er allein war, mit sich
		  selbst zu sprechen.
			Falsche Freunde!
			E negotiation
			(Verhandlung)
			F une négociation

quiēscere	quiēscō, quiēvī, quiētum	(aus)ruhen	
requiēscere	requiēscō, requiēvī, requiētum	ruhen, sich erholen	
requiēscere ā reī pūblicae mūneribus		von den politischen Aufgaben ausruhen	
quiēs *und* **requiēs**	quiētis f. / requiētis f.	Ruhe, Erholung	
quiētus	-a, -um	ruhig, gelassen	E quiet
quiētam vītam agere		ein ruhiges Leben führen	
quiētā rē pūblicā		in einer Zeit ohne besondere politische Ereignisse	
animō quiētō		in ruhiger Stimmung	
reficere	reficiō, refēcī, refectum	wiederherstellen, erneuern; sich erholen	
Egō hīc cōgitō morārī, dum mē reficiam.		Ich habe vor, hier zu bleiben, bis ich mich erholt habe.	
reficī *oder* sē reficere		sich erholen	
ambulāre	ambulō, ambulāvī, ambulatum	umhergehen, spazieren gehen	F aller
convīvium	convīviī n.	Gastmahl, Gelage	
invītāre	invītō, invītāvī, invītātum	einladen, auffordern	E to invite, invitation F inviter, une invitation
Invītō eum, ut apud mē paululum versētur.		Ich lade ihn ein, eine Weile bei mir zu leben.	
hospes	hospitis m.	Gastfreund, Fremder	**Falsche Freunde!** D Hospital E hospital F un hôpital
Nōn multī cibī hospitem accipiēs, multī iocī.		Du wirst einen Gast bekommen, der nicht viel isst, aber viel Spaß bringt.	
lūdus	lūdī m.	Spiel	
lūdere	lūdō, lūsī, lūsum	spielen	
āleā/pilā lūdere		Würfel/Ball spielen	
iocus	iocī m.	Scherz, Spaß	E joke

Gegensätze, Verwandtschaften und andere Beziehungen!

ōtium	freie Zeit, Muße, Ruhe	⟷	**negōtium**	Geschäft, Aufgabe

50 Normen und Werte

mōs	mōris *m.*	Sitte, Brauch; *Pl.* Charakter	D Moral E moral (Moral, Lehre) F les mœurs *f.* (Sitten und Bräuche)
mōs māiōrum		Sitte der Vorfahren	
ut mōs est amīcōrum		wie es unter Freunden Brauch ist	
virtūs	virtūtis *f.*	Tüchtigkeit; Tapferkeit; Tugend	E virtue (Tugend) F la vertu (Tugend)
Virtūs in ūsū suī tōta posita est. (Cicero)		Die sittliche Vollkommenheit liegt ausschließlich in ihrer (praktischen) Anwendung. (Cicero)	
pietās	pietātis *f.*	Pflichtgefühl	D Pietät (Respekt und Ehrfurcht)
Meō iūdiciō pietās fundāmentum est omnium virtūtum.		Meiner Meinung nach ist das Pflichtgefühl die Grundlage aller sittlichen Tugenden.	

> **!** Der Begriff der *pietās* bezeichnet das pflichtgerechte Verhalten gegenüber den Göttern und den lebenden, aber auch toten Verwandten. Übertragen wird auch von einer *pietās* gegenüber dem Staat gesprochen.

pius	-a, -um	gewissenhaft; pflichtgetreu; fromm	
impius	-a, -um	gottlos; pflichtvergessen; gewissenlos	

fortitūdō	fortitūdinis *f.*	Tapferkeit, Mut	
fortis	forte, *Gen.* fortis	tapfer, mutig	F fort (kräftig; fest, z. B. klopfen)
cōnstantia	cōnstantiae *f.*	Beständigkeit, Standhaftigkeit	D Konstanz
cōnstāns	*Gen.* cōnstantis	standhaft, beständig	D konstant E F constant
integer	integra, integrum	unversehrt; anständig	D integer, Integrität F intègre
Integrī atque incolumēs revertērunt.		Unverletzt und wohlauf kehrten sie zurück.	
Sē integrōs castōsque servāvērunt.		Sie haben sich anständig und untadlig gehalten.	

innocēns	*Gen.* innocentis	unschuldig, rechtschaffen	E / F innocent
pūrus	-a, -um	rein; ehrlich	D pur E pure F pure
continentia	continentiae *f.*	Selbstbeherrschung, Enthaltsamkeit	
parsimōnia	parsimōniae *f.*	Sparsamkeit	
modestia	modestiae *f.*	Mäßigung, Bescheidenheit	E modesty F la modestie
modestus	-a, -um	maßvoll, bescheiden	E modest F modeste
industria	industriae *f.*	Fleiß, Betriebsamkeit	**Falsche Freunde!** D Industrie
hūmānitās	hūmānitātis *f.*	Menschlichkeit; Bildung	D Humanität E humanity F l'humanité

 Das Ideal philosophischer und literarischer Bildung, die *hūmānitās*, wurde aus der griechischen Kultur übernommen; sie drückt sich in einem Handeln aus, das dem Mitmenschen entgegenkommt.

hūmānus	-a, -um	menschlich, menschenfreundlich; gebildet	D human E human F humain
clēmentia	clēmentiae *f.*	Milde, Schonung	
līberālitās	līberālitātis *f.*	edle Gesinnung; Freigebigkeit	
līberālis	līberāle, *Gen.* līberālis	edel, freigebig	

Gegensätze ziehen sich an!

pius	gewissenhaft; pflichtgetreu; fromm	⟷	impius	gottlos; pflichtvergessen

51 Negativ bewertetes Verhalten

vitium	vitiī *n.*	Fehler; Untugend, Schaden	
aedēs propter aliqua vitia vēndere		das Haus wegen einiger Mängel verkaufen	
vitia, quae virtūtem videntur imitārī		Untugenden, die unter dem Deckmantel der Tugend daherkommen	
Aedēs corruentēs vitium fēcērunt.		Das Haus hat bei seinem Zusammensturz Schaden verursacht.	
avāritia	avāritiae *f.*	Habsucht, Geiz	
avārus	-a, -um	habsüchtig, geizig	F avare
blandus	-a, -um	schmeichlerisch	
blandīri	blandior, blandītus sum	schmeicheln	
ambitiō	ambitiōnis *f.*	Bewerbung; Ehrgeiz	D Ambition
Ad prandium vulgō vocāre ambitiō an līberālitās est?		Ein öffentliches Essen geben: Ist das nun Ehrgeiz oder Freigebigkeit?	E ambition *(Ehrgeiz)* F l'ambition
arrogantia	arrogantiae *f.*	Anmaßung	D Arroganz E arrogance F l'arrogance
superbia	superbiae *f.*	Hochmut; Stolz	
superbus	-a, -um	hochmütig; stolz	
Superbiōrem tē pecūnia facit.		Geld macht dich noch hochmütiger.	
licentia	licentiae *f.*	Freiheit, Erlaubnis; Zügellosigkeit, Willkür	D Lizenz
mōbilis	mōbile, *Gen.* mōbilis	beweglich; unbeständig, wankelmütig	D Mobile E F mobile
Gallī sunt in cōnsiliīs capiendīs mōbilēs et novīs rēbus student. (Caesar)		Die Gallier sind in ihren Entschlüssen unberechenbar und wollen alles verändern.	

luxuria	luxuriae *f.*	Überfluss, Genusssucht, Verschwendung	**D** Luxus, luxuriös **E** luxury **F** le luxe
Luxuria est māter avāritiae.		Genusssucht ist die Mutter der Habgier.	
dēsidia	dēsidiae *f.*	Untätigkeit; Trägheit	
dēsidiae *(Dat.)* sē dēdere		sich dem Nichtstun überlassen	
iners	*Gen.* inertis	ungeschickt; träge	

Gegensätze, Verwandtschaften und sonstige Beziehungen!

vitium	Untugend, Fehler		**virtūs**	Tugend, Tüchtigkeit
mōbilis	unbeständig, wankelmütig		**cōnstāns**	beständig, standhaft
avāritia	Geiz, Habsucht	⟵⟶	**līberālitās**	Freigebigkeit, edle Gesinnung
dēsidia	Untätigkeit, Trägheit		**industria**	Fleiß, Betriebsamkeit
licentia	Zügellosigkeit, Willkür		**continentia**	Selbstbeherrschung, Enthaltsamkeit

52 Stadt, Land, Landwirtschaft

incolere	incolō, incoluī, incultum	wohnen; bewohnen	
urbem incolere		in Rom wohnen	
trāns Rhēnum incolere		jenseits des Rheins ansässig sein	
sedēs	sēdis *f.*	Sitz; Wohnsitz	**E** seat **F** le siège
homō sine spē, sine sēde		ein Mensch ohne Perspektive, ohne Heimat	
urbs	urbis *f.*	Stadt, *(die Stadt)* Rom	
urbānus	-a, -um	städtisch; fein, gebildet	**D E** urban **F** urbain
sermō urbānus		gebildete Redeweise	
caput	capitis *n.*	Hauptstadt	**E** capital **F** la capitale
Rōma caput rērum		Rom, die Hauptstadt der Welt	
oppidum	oppidī *n.*	Stadt; Festung	
Segesta est oppidum pervetus in Siciliā.		Segesta ist eine uralte (befestigte) Stadt auf Sizilien.	

arx	arcis f.	Burg, Schutzwehr	
arcem mūnīre		eine Burg bauen	
moenia	moenium n. Pl.	Stadtmauer	
mūnīre	mūniō, mūnīvī, mūnītum	befestigen; bauen	
mūnītiō	mūnītiōnis f.	Befestigung; Festungsanlage	**Falsche Freunde!** D Munition
viārum mūnītiō		Straßenbau	
turris	turris f.	Turm	E tower F un tour
porta	portae f.	Tor, Pforte	D Portal F la porte

 Die Bewohner von Latium waren ursprünglich ein Volk von Bauern, lebten jedoch überwiegend in Städten. Diese waren mit Mauern und Türmen befestigt und konnten nur durch wenige Tore betreten werden, die abends geschlossen wurden. Mit der Ausdehnung der römischen Herrschaft entstanden aus vielen Truppenlagern Städte; sie zeigen noch heute den rechteckigen Grundriss eines solchen Lagers.

ager	agrī m.	Acker, Feld, Gebiet	
rūs	rūris n.	Land, Landgut, Feld	
rūra colere		Felder bewirtschaften	
rūrī (Lok.) vīvere		auf dem Land leben	
rūs īre		aufs Land gehen	
rūsticus	-a, -um	ländlich, bäuerisch; (Subst.) Bauer	D rustikal
colere	colō, coluī, cultum	bewirtschaften; pflegen	**Falsche Freunde!** F la colère (die Wut)
amīcitiam colere		Freundschaft pflegen	
cultus	cultūs m.	Anbau; Pflege, Lebensweise, Erziehung	
vestītus cultusque corporis		Kleidung und Körperpflege	
Quae vīs potuit hominēs ā ferā agrestīque vītā ad hunc hūmānum cultum cīvīlemque dēdūcere? (Cicero)		Welche Kraft hat es fertig gebracht, die Menschen von ihrer wilden und rohen Lebensweise zu ihrer jetzigen menschlichen und bürgerlichen Bildung zu führen?	

124

cultūra	cultūrae f.	Anbau; Pflege	D Kultur (Anbau, Zucht)
cultūra agrī		Ackerbau	E culture
cultūra animī		Pflege des Geistes, Bildung	F la culture
colōnus	colōnī m.	Siedler; Bauer	
colōnia	colōniae f.	Siedlung, Niederlassung	D Kolonie
			E colony
in hōs agrōs colōniās dēdūcere		in diesem Gebiet Siedlungen anlegen	F une colonie
vīlla	vīllae f.	Landhaus, Landgut	D Villa
senātōrēs ā vīllā in cūriam arcessere		die Senatoren von ihrem Landhaus zur Senatssitzung laden	F une ville (Stadt)
vīcus	vīcī m.	Gehöft, Dorf; Stadtviertel	
vīcīnus	-a, -um	benachbart; (Subst.) Nachbar	F un voisin
pecus	pecoris n.	Vieh	
grex	gregis m.	Herde, Schar	
pāstor	pāstōris m.	Hirte	D Pastor
			F un pasteur (evangelischer Pfarrer)

Gegensätze ziehen sich an!

urbs	Stadt	⟷	rūs	Land, Landgut, Feld

53 Transport und Verkehr

ferre	ferō, tulī, lātum	tragen, bringen; ertragen	**Falsche Freunde!**
			F faire (machen)
nūntium ferre		eine Nachricht überbringen	
lēgem ferre		ein Gesetz einbringen	
frīgus ferre		Kälte ertragen	
Nāvis tempestāte Naxum ferēbātur.		Das Schiff wurde vom Sturm nach Naxos verschlagen.	

trānsferre	trānsferō, trānstulī, trānslātum	hinüberbringen; übertragen	D Transfer
cōpiās in Galliam trānsferre		Truppen nach Gallien verlegen	
fābulam ex Graecō in Latīnum trānsferre		das Stück aus dem Griechischen ins Lateinische übersetzen	
trāicere	trāiciō, trāiēcī, trāiectum	hinüberbringen; durchstoßen	
exercitum flūmen trāicere		das Heer über den Fluss setzen	
pīlō trāiectus		von einem Wurfspieß durchbohrt	
trādūcere	trādūcō, trādūxī, trāductum	hinüberführen, hinbringen	F traduire (übersetzen), la traduction
legiōnēs Alpēs trādūcere		Legionen über die Alpen führen	
animōs ā laetitiā ad metum trādūcere		die Freude der Leute in Angst verwandeln	
portāre	portō, portāvī, portātum	tragen, bringen	F porter, apporter

Omnia mea mēcum portō. (All meinen Besitz trage ich bei mir.) Dieser Ausspruch eines griechischen Philosophen soll ausdrücken, dass der wahre Besitz in den Fähigkeiten und charakterlichen Eigenschaften liegt und nicht in materiellen Dingen.

trahere	trahō, trāxī, tractum	ziehen, schleppen	
abstrahere	abstrahō, abstrāxī, abstractum	wegschleppen, fortreißen	D abstrahieren, abstrakt
vehere	vehō, vēxī, vectum	ziehen, bringen, (etw.) fahren	F une voiture
Omnis generis onera nāvis vehit.		Das Schiff befördert Lasten jeder Art.	
vehī	vehor, vectus sum	fahren, befördert werden	
equō (currū) in oppidum vehī		in die Stadt reiten (fahren)	
invehī	invehor, invectus sum	hinfahren; angreifen	

proficīscī	proficīscor, profectus sum	abreisen, reisen	
ex urbe per Latium ad mare proficīscī		von Rom aus durch Latium ans Meer reisen	
viā Appiā proficīscī		auf der Via Appia reisen	
aurīga	aurīgae *m.*	Steuermann, Wagenlenker	
currus	currūs *m.*	Wagen	
frēnum	frēni *n.*	Zügel, Zaum	
rota	rotae *f.*	Rad	F une roue
iter	itineris *n.*	Weg, Reise; Tagesstrecke	E itinerary F l'itinéraire
iter facere		eine Reise machen, verreisen	
quam māximīs (potest) itineribus		in möglichst großen Tagesstrecken	
in itinere		unterwegs	
via	viae *f.*	Weg, Straße	F la voie **Falsche Freunde!** F la vie (Leben)
līmes	līmitis *m.*	Grenze, Grenzwall, Grenzweg	E limit F la limite
pōns	pontis *m.*	Brücke	F le pont
portus	portūs *m.*	Hafen	E port F le port
ē portū (ancorās) solvere		(aus dem Hafen) auslaufen	
in portum (nāve) invehī		(in den Hafen) einlaufen	

54 Handel und Vermögen

merx	mercis *f.*	Ware	
mercātor	mercātōris *m.*	Kaufmann	E merchant F le marchand
commercium	commerciī *n.*	Handel, Verkehr	F le commerce
mercēs	mercēdis *f.*	Lohn, Sold	F merci
Haec inīqua mercēs perīculī est.		Das ist ein ungerechter Lohn bei dem Risiko.	

emere	emō, ēmī, ēmptum	nehmen, kaufen	
(beim Vergleich mit Genitiv) minōris (plūris) emere		billiger (teurer) kaufen	
vēndere	vēndō, vēndidī, vēnditum	verkaufen	F vendre
vēnīre	vēneō, vēniī	verkauft werden	
condūcere	condūcō, condūxī, conductum	anwerben; mieten	E to conduct (fahren, führen) F conduire
mūtāre	mūtō, mūtāvī, mūtātum	tauschen, wechseln; ändern	D mutieren ([sich] (ver)ändern, [sich] wandeln)
rēs inter sē mūtāre		Tauschhandel treiben	
Tempora mūtantur et nōs mūtāmur in illīs.		Die Zeiten ändern sich, und wir ändern uns mit ihnen.	

 Die Zauberformel *Mutabor* aus dem Märchen „Kalif Storch" von Wilhelm Hauff kommt aus dem Lateinischen und bedeutet „Ich werde verwandelt werden".

commūtāre	commūtō, commūtāvī, commūtātum	verändern, (aus)tauschen	
impendiōsus	-a, -um	teuer	
mūtuus; *(Adv.)* **mūtuō**	-a, -um	wechselseitig, geliehen	
amīcō pecūniam mūtuam dare		dem Freund ein Darlehen gewähren	
in vicem		im Wechsel	
Fatīgātīs in vicem integrī succēdunt.		An die Stelle der erschöpften treten immer wieder ausgeruhte (Soldaten).	
cōnstāre	cōnstō, cōnstitī, cōnstātūrus	kosten	E to cost F coûter
māgnō/parvō *(Abl.)* cōnstāre		teuer/billig sein	
pretium	pretiī *n.*	Preis; Wert; Lohn	E price/prize F le prix
Sāl māgnō pretiō *(Abl.)* vēnībat.		Salz wurde teuer verkauft.	
Operae pretium est.		Es ist der Mühe wert.	
commodum	commodī *n.*	Vorteil	
computāre	computō, computāvī, computātum	berechnen; kalkulieren	D Computer E computer

solvere	solvō, solvī, solūtum	lösen; befreien; bezahlen	
pecūniās crēditās solvere		Schulden begleichen	
aliquem cūrā solvere		jdn. von einer Sorge befreien	
pecūnia	pecūniae f.	Geld; Vermögen	
impendere	impendō, impendī, impēnsum	aufwenden; ausgeben	
aes	aeris n.	Erz; Kupfer; Geld	
aes aliēnum		Schulden	
bona	bonōrum n. Pl.	Hab und Gut, Vermögen	
rēs	reī f.	Gegenstand; Sache, Angelegenheit	
homō haud māgnā cum rē		ein Mann mit wenig Vermögen	
rēs familiāris		Privatvermögen	
ops	opis, opem, ope f.	Kraft, Stärke; Hilfe	
opem ferre patriae (Dat.)		seiner Vaterstadt Hilfe bringen	
Opem ā tē petimus.		Wir bitten dich um Hilfe.	
opēs	opum f. Pl.	Mittel; Reichtum; Macht	
Honōrēs quam opēs cōnsequī māluit.		Er wollte lieber Ruhm und Ehre als Reichtum erwerben.	
cōpia	cōpiae f.	Vorrat; Fülle; Möglichkeit	**Falsche Freunde!** D Kopie E copy F une copie
Māteriae emendae cōpia mihi est.		Ich habe die Möglichkeit, Bauholz zu kaufen.	
cōpia verbōrum		Wortschatz	
cōpiōsus	-a, -um	reichlich; wortreich	
inopia	inopiae f.	Mangel, Not	
suīs opibus aliōrum inopiam levāre		mit seinem Reichtum die Armut anderer lindern	

Gegensätze ziehen sich an!

emere	kaufen		vēndere	verkaufen
condūcere	mieten		locāre	vermieten
māgnō cōnstāre	teuer sein	←——→	parvō cōnstāre	billig sein
pecūnia	Vermögen		aes aliēnum	Schulden
cōpia	Vorrat, Fülle		inopia	Mangel, Not

55 Haben und Nichthaben

habēre	habeō, habuī, habitum	haben; halten	E to have
cēnsum habēre		Vermögensschätzung vornehmen	
Initiō Rōmam rēgēs habuēre.		Anfangs herrschten Könige in Rom.	
possidēre	possideō, possēdī, possessum	besitzen	E to possess F posséder
esse	sum, fuī, futūrus	sein; vorhanden sein; gehören	F être
Patrī meō vīlla est.		Mein Vater besitzt ein Landhaus.	
Haec domus meī est patris.		Dieses Haus gehört meinem Vater.	
Sapientis (sapientiae) est nōn īrāscī.		Es gehört zu einem Weisen (ist ein Zeichen von Weisheit), nicht in Zorn zu geraten.	
Imperātōris est animōs mīlitum tollere.		Es ist Aufgabe eines Feldherrn, den Soldaten Mut zu machen.	
tenēre	teneō, tenuī, tentum	halten; besitzen	F tenir
diū sē castrīs tenēre		sich lange im Lager halten	
prōpositum tenēre		seinem Vorsatz treu bleiben	
īnsulam tenēre		eine Insel in Besitz haben	
egēre	egeō, eguī	bedürfen, nötig haben	
auxiliō (Abl.) egēre		Hilfe benötigen	
egestās	egestātis f.	Mangel; Armut	

carēre	careō, caruī *m. (mit Abl.)*	nicht haben; entbehren; frei sein von	
carēre culpā		frei von Schuld sein	
amīcīs *(Abl.)* carēre		keine Freunde haben	
opus est		es ist nötig; man braucht	
Plūra dē hāc rē mē dīcere opus nōn est.		Mehr brauche ich darüber nicht zu sagen.	
Mihi pecūniā opus est.		Ich brauche Geld.	
beātus	-a, -um	glücklich; reich	
dīves	dīvitis	reich	
dīvitiae	dīvitiārum *f. Pl.*	Reichtum	
dīvitiās habēre		Reichtum besitzen	
pauper	pauperis	arm, nicht begütert	E poor F pauvre
particeps	*(Gen.)* participis	beteiligt, teilnehmend	D partizipieren E to participate (teilnehmen) F participer
animal ratiōnis particeps		vernunftbegabtes Lebewesen (Mensch)	
expers	*(Gen.)* expertis	ohne Anteil; frei von	
omnium bonōrum expers		ein Habenichts	
ratiōnis expers		unvernünftig	
cōnsiliī expers		nicht in den Plan eingeweiht	

Gegensätze, Verwandtschaften und sonstige Beziehungen!

habēre	haben		**carēre**	nicht haben
tenēre **possidēre**	besitzen		**egēre**	bedürfen, nötig haben
dīvitiae	Reichtum	⟷	**egestās**	Armut
dīves **beātus**	reich		**pauper**	arm
particeps	beteiligt, teilnehmend		**expers**	ohne Anteil von, frei von

56 Kunst, Literatur, Unterricht

ars	artis *f.*	Kunst; Fertigkeit; Eigenschaft	E art F l'art
ars dīcendī		Redekunst	
ars pictūrae		Malerei	
ars mūsica		Musik	
bonae artēs		gute Eigenschaften	
artificium	artificiī *n.*	Kunstwerk; (Kunst-) Handwerk	F un artifice
simulācrum singulārī opere artificiōque perfectum		ein mit einzigartiger Kunstfertigkeit vollendetes Götterbild	

 Kunst in der Antike war Handwerk, das nach den Regeln der Tradition Auftragsarbeit leistete.

imitārī	imitor, imitātus sum	nachahmen	D imitieren E to imitate F imiter
Nihil est facilius quam statum imitārī alicuius aut mōtum.		Nichts ist leichter, als Haltung und Bewegung von jemandem nachzuahmen.	
imāgō	imāginis *f.*	Bild, Abbild	E image, F une image

 Die *imāginēs māiōrum* waren Gesichtsmasken aus Wachs. Sie wurden im Atrium des Hauses der Familie aufbewahrt. Bei Begräbnissen hoch gestellter Personen wurden sie von Leuten getragen, die in ähnlichem Kostüm und mit den Abzeichen, die der Würde des Verstorbenen entsprachen, vor dem Sarg einherschritten.

simulācrum	simulācrī *n.*	Bildnis; Götterbild	
fingere	fingō, fīnxī, fictum	formen, bilden	
Deōrum imāginēs in speciem hominum fingunt.		Sie gestalten die Bilder der Götter nach dem Aussehen der Menschen.	
statua	statuae *f.*	Standbild; Statue	E statue F une statue
pingere	pingō, pīnxī, pictum	malen	E to paint F peindre
tabula	tabulae *f.*	Tafel; Gemälde	E table F une table
tabula picta		Gemälde	
duodecim tabulae		das Zwölftafelgesetz (*ältestes römisches Gesetzbuch 450 v. Chr.*)	

ōrnāre	ōrnō, ōrnāvī, ōrnātum	ausstatten, schmücken	
virtūtem ōrātiōne ōrnāre		die Leistung mit einer Rede feiern	
ōrnāmentum	ōrnāmentī *n.*	Ausrüstung, Schmuck	**D** Ornament

littera	litterae *f.*	Buchstabe	
litterae *Pl.*	litterārum *f. Pl.*	Brief; Wissenschaft(en); Literatur	**D** Literatur **E** letter; literature **F** une lettre; la littérature
litterās in senātū recitāre		einen Brief im Senat verlesen	
scīre litterās		wissenschaftliche Kenntnisse besitzen	
epistula	epistulae *f. (griech.)*	Brief	
libellus	libellī *m.*	Büchlein; Eingabe; Klageschrift; Verzeichnis	**Falsche Freunde!** **D** Libelle
liber	librī *m.*	Buch	**F** un livre

cōdex (Buch, gefaltet und gebunde) – liber (Papyrusrolle, 6–10 m lang, 25–30 cm breit

īnscrībere	īnscrībō, īnscrīpsī, īnscrīptum	mit einer Aufschrift versehen, betiteln; zuschreiben	
auctor	auctōris *m.*	Urheber; Verfasser; Schriftsteller	**D** Autor **E** author **F** un auteur

poēta	poētae *m. (griech.)*	Dichter	**D** Poet **E** poet **F** un poète
philosophia	philosophiae *f. (griech.)*	Philosophie	**D** Philosophie **E** philosophy **F** la philosophie

historia	historiae *f. (griech.)*	Forschung; Geschichtsschreibung	D Historie E history F l'histoire
Erat historia ōlim nihil aliud nisī annālium cōnfectiō.		Geschichtsschreibung war ursprünglich nichts anderes als das Führen von Jahrbüchern.	
annālēs (librī)	annālium *m. Pl.*	Jahrbücher; Geschichtswerk	D Annalen

trādere	trado, trādidī, trāditum	überliefern; übergeben	D tradieren, Tradition E tradition F une tradition
Homērus caecus fuisse trāditur (fertur).		Homer soll blind gewesen sein.	
Africānum et Laelium doctōs fuisse trāditum est.		Scipio Africanus und Laelius sollen gebildete Menschen gewesen sein.	
aliquid memoriae *(Dat.)* trādere		sich etwas merken; etw. überliefern	
sē studiīs trādere		sich den Studien widmen	
fertur, feruntur; ferunt		es wird überliefert; man berichtet	
exemplum	exemplī *n.*	Beispiel; Vorbild	D Exempel E example F un exemple
alicui exemplō esse		jemandem als Beispiel/Vorbild dienen	
fābula	fābulae *f.*	Erzählung; Geschichte; Theaterstück	D Fabel E fable F une fable
fābulam agere		ein Stück spielen	
persōna	persōnae *f.*	Maske; Rolle; Person	E person F une personne
Eam persōnam ā rē pūblicā mihi impositam sustinuī.		Ich habe diese Rolle im Auftrag des Staates übernommen.	
carmen	carminis *n.*	Zauberspruch; Lied; Gedicht	

lūdus	lūdī *m.*	Spiel; Schule	
lūdī magister		Schullehrer	
magister	magistrī *m.*	Lehrer, Meister	D Magister
docēre	doceō, docuī, doctum	lehren, unterrichten	D Dozent
Linguam Graecam docēmur.		Man bringt uns Griechisch bei.	

doctus	-a, -um	gelehrt, gebildet	
docilis, -e	*Gen.* docilis	gelehrig	
indocilis, -e	*Gen.* indocilis	ungelehrig, unbelehrbar	
discipulus	discipulī m	Schüler	
discere	discō, didicī	lernen	
Linguam Graecam discimus.		Wir lernen Griechisch.	
disciplīna	disciplīnae f.	Unterricht; Erziehung; Wissenschaft	D Disziplin E discipline F la discipline
iūris cīvīlis disciplīnā		Rechtswissenschaft	
legere	legō, lēgī, lēctum	sammeln; lesen	D Lektüre F une lecture **Falsche Freunde!** D legen
Tolle, lege!		Nimm und lies!	
scrībere	scrībō, scrīpsī, scrīptum	schreiben	D Skript
ēducāre	ēducō, ēducāvī, ēducātum	erziehen	F l'éducation
ērudīre	ērudiō, ērudīvī *od.* ērudiī, ērudītum	unterrichten; bilden	
in iūre cīvīlī bene ērudītus		als Jurist gut ausgebildet	
canere	canō, cecinī	singen, (ein Instrument) spielen	
cantāre	cantō, cantāvī, cantātum	singen	F chanter

Gegensätze, Verwandtschaften und sonstige Beziehungen!

magister	Lehrer	←→	discipulus	Schüler
legere	lesen		scrībere	schreiben

Beziehungsmöglichkeiten von Wörtern nach Oberbegriffen

Handelndes Subjekt	Handlung, Tätigkeit		Gegenstand, Bezugsperson	
auctor poēta vātēs *(Weissager, Seher; Dichter)*	scrībere nārrāre canere	cantāre trādere	liber litterae epistula carmen	fābula historia annālēs
magister	docēre ēducāre ērudīre	praecipere īnstituere	disciplīna discipulus praeceptum	

57 Religion, Gottesdienst, Brauchtum

religiō	religiōnis *f.*	Ehrfurcht; Gewissenhaftigkeit; Götterverehrung	D Religion E religion F la religion
Omnis populī Rōmānī religiō in sacra et in auspicia dīvīsa est. (Cicero)		Die ganze Religion des römischen Volkes ist in Opferdienst und Vogelschau eingeteilt.	

> ❗ *Cuius regiō, eius religiō.* (Wessen Gebiet, dessen Religion.) Nach dem Augsburger Religionsfrieden von 1555 waren im Heiligen Römischen Reich die politische Herrschaft und Religionshoheit durch diesen Grundsatz miteinander verbunden. Die lateinische Formel wurde allerdings erst 1612 geprägt.

nūmen	nūminis *n.*	Wink; Gebot; göttlicher Wille; göttliche Macht	
Mundum nūmine deōrum regī cēnsent.		Sie sind der Ansicht, dass die Welt vom Willen der Götter gelenkt wird.	

deus	deī *m.*	Gott; Gottheit	F Dieu
deōs colere		(die) Götter verehren	
cultus deōrum		Götterdienst	
Deōrum nūminī omnia parent.		Alles unterliegt dem Willen der Götter.	
dea	deae *f.*	Göttin	
dīvīnus	-a, -um	göttlich; prophetisch	E divine F divin
dīvus	-a, -um	göttlich	D Diva

> ❗ Die römische Religion bekennt sich nicht zu einem Stifter und dessen Lehre. Man kennt nur zwei Merkmale, *metus* (= Furcht vor den Göttern) und *caeremōnia deōrum* (= Opferdienst für die Götter). Den Göttern wurden Gaben dargebracht; bei wichtigen Entscheidungen suchte man ihren Willen zu erkunden und sie ggf. zu versöhnen.

immolāre	immolō , immolāvī, immolātum	opfern	
immortālis	immortāle, *Gen.* immortālis	unsterblich	E immortal F immortel
immortālēs	immortālium *m. Pl.*	die Götter	
caelestēs	caelestium *m. Pl.*	die (himmlischen) Götter	

superī	superōrum *m. Pl.*	die Götter (des Himmels)	
īnferī	īnferōrum *m. Pl.*	die Götter (der Unterwelt)	
penātēs	penātium *m. Pl.*	Penaten (Schutzgötter der *familia*)	

sānctus	-a, -um	heilig; ehrwürdig	**D** Sankt
nihil sanctum habēre		nichts heilig halten	**E** saint (Heiliger)
			F un saint
fās	*n. (nur Nom. u. Akk. Sg.)*	göttliches Recht; Gebot	
nefās	*n. (nicht deklinierbar)*	Unrecht, Frevel	
Hospitem violāre nefās est.		Einem Gast etwas anzutun ist Frevel.	
fātum	fātī *n.*	Götterspruch; Schicksal	**D E F** fatal
sacer	sacra, sacrum	geweiht, heilig; verflucht	**D** sakral (heilig)
			E sacred
Dīs īnferīs sacer estō!		Verflucht soll er sein!	**F** sacré
sacrum	sacrī *n.*	Heiligtum; Opfer; *Pl.*: Gottesdienst	
sacra facere		Opferdienst vollziehen, opfern	
sacerdōs	sacerdōtis *m. f.*	Priester(in)	

❗ *sacerdōs* ist der Oberbegriff für alle Klassen von männlichen und weiblichen Priesterschaften, für den *pontifex* (s. u.) genauso wie für die Vestalin, welche das heilige Herdfeuer des Staates hütet.

āra	ārae *f.*	Altar	
lībum	lībī *n.*	Opferkuchen	
pontifex	pontificis *m.*	Priester	

❗ *pontifex* heißt ein Mitglied des obersten römischen Priesterkollegiums, dem die Oberaufsicht über alle religiösen Zeremonien obliegt. Sein Vorsitzender trägt den Titel *pontifex māximus*.

celeber	celebris, celebre, *Gen.* celebris	gefeiert; berühmt; viel besucht	**F** célèbre
celebrāre	celebrō, celebrāvī, celebrātum	feiern, verherrlichen; zahlreich besuchen	**D** zelebrieren
			E to celebrate
			F célébrer
dēdicāre	dēdicō, dēdicāvī, dēdicātum	widmen, weihen	**E** to dedicate

fēstus	-a, -um	festlich, feierlich	**D** Fest
fēstōs diēs lūdōrum celeberrimō conventū celebrāre		die Spiele zu Ehren der Götter mit zahlreichen Teilnehmern feiern	**E** festival **F** un festival **Falsche Freunde!** **D** fest
diēs fēstōs agere		ein (religiöses) Fest feiern	
fānum	fānī *n.*	Heiligtum, Tempel	
profānus	-a, -um	nicht heilig; ungeweiht	**D** profan
sacra profānīs miscēre		Heiliges und Unheiliges vermischen	
templum	templī *n.*	heiliger Bezirk, Tempel	**E** temple
Fideī templum pūblicē dēdicāre		der (heiligen) Eidestreue öffentlich einen Tempel weihen	**F** un temple
aedis/aedēs	aedis *f.*	*Sg.:* Tempel; *Pl.:* Haus	
senātum in aedem Iovis convocāre		den Senat in den Jupitertempel einberufen	
cella	cellae *f.*	Kammer (in einem Tempel), Keller	**D** Zelle
vovēre	voveō, vōvī, vōtum	geloben, weihen	**Falsche Freunde!** **E** to vote (wählen, abstimmen), **F** voter
vōtum	vōtī *n.*	Gelübde, Wunsch	**D** Votum
vōtum facere		ein Gelübde ablegen	
vōtum solvere		ein Gelübde einlösen	
auspicium	auspiciī *n.*	Vogelschau; Vorzeichen	
imperiō auspiciōque eius		unter seiner Führung und Leitung *(d. h. er musste auch den Willen der Götter aus dem Vogelflug deuten)*	
ōmen	ōminis *n.*	Vorzeichen, Vorbedeutung	**D** Omen **Falsche Freunde!**
Nōmen est ōmen.		Der Name enthält eine Vorbedeutung.	**D** ominös
prōdigium	prōdigiī *n.*	Vorzeichen, Wunder	
Prōdigiīs dī immortālēs nōbīs futūra praedīcunt.		Durch seltsame Vorzeichen sagen uns die unsterblichen Götter die Zukunft vorher.	

ōrāculum	ōrāculī *n.*	Götterspruch; Orakelstätte	
ōrāculum (Delphicum) cōnsulere		das Orakel (zu Delphi) befragen	
vātēs	vātis *m. f.*	Weissager(in), Seher(in); Dichter (in)	
sors	sortis *f.*	Los, Schicksal	F le sort
Sortēs puerī manū miscentur atque dūcuntur.		Die Lose werden von Kinderhand gemischt und gezogen.	
fors (ferre)	fortis *f.*	Zufall; die Schicksalsgöttin	
forte	*Adv.*	zufällig	
fortūna; Fortūna	fortūnae *f.*	Schicksal, Glück; die Schicksalsgöttin	D Fortüne E fortune F la fortune
Iacere tēlum voluntātis est, percutere, quem nōlueris, fortūnae.		Ein Geschoss zu werfen, ist Sache des freien Willens, jemanden zu treffen, den man nicht treffen wollte, ist Schicksal.	
fortūnae	fortūnārum *f.*	Glücksgüter; Vermögen	
fēlīx	*Gen.* fēlīcis	glücklich; glückbringend, erfolgreich	
fēlīcissimē rem gerere		das Unternehmen mit großem Erfolg durchführen	
īn|fēlīx	*Gen.* īnfēlīcis	unglücklich	
fūnus	fūneris *n.*	Begräbnis; Verderben	
Omnēs cīvēs fūnus eius execūtī sunt.		Alle Bürger haben an seinem Begräbnis teilgenommen.	
sepelīre	sepeliō, sepelīvī (*od.* sepeliī), sepultum	bestatten	
sepulc(h)rum	sepulcrī *n.*	Grab, Grabmal	
exsequī	exsequor, exsecūtus sum	zu Grabe tragen; ausführen; verfolgen	E to execute (ausführen) F exécuter
officia et mūnera rēgis exsequī		Aufgaben und Pflichten eines Königs wahrnehmen	

139

Gegensätze, Verwandtschaften und andere Beziehungen!

superī	die Götter (des Himmels)		īnferī	die Götter (der Unterwelt)
fās	göttliches Recht, Gebot	⟷	nefās	Unrecht, Frevel
sacer	heilig		profānus	nicht heilig

58 Formen von Macht und Einfluss

vīs	vim, vī f.	Kraft; Macht; Gewalt	
Vīs et ferrum in forō versātur.		Auf dem Forum herrscht Waffen-gewalt.	
vim facere		Gewalt anwenden	
vīrēs (Pl.)	vīrium f.	Kräfte, Streitkräfte	
diciō	diciōnis f.	Gewalt, Herrschaft	
sub diciōne populī Rōmānī esse		dem römischen Volk untertan sein	
opēs (Pl.)	opum f.	Reichtum; Macht(mittel), Einfluss	
līberōs et uxōrem suīs opibus dēfendere		Frauen und Kinder mit allen zur Ver-fügung stehenden Mitteln schützen	
potentia	potentiae f.	Kraft; politische Macht, Einfluss	D Potenzial
vir summae potentiae (Gen.)		ein Mann mit größ-tem politischem Einfluss	
potēns	potentis	mächtig; fähig	
potīrī	potior, potītus sum	erobern	
Aegyptō (Abl.) potīrī		die Macht über Ägypten erlangen	
rērum potīrī		Herr der Lage werden	
dominātiō	dominātiōnis f.	(Gewalt-)Herrschaft	E domination F la domination
dominārī	dominor, dominātus sum	Herr sein, herrschen	D dominieren E to dominate F dominer
tyrannus (griech.)	tyrannī m.	Gewaltherrscher, Tyrann	E tyrant F un tyran

valēre	valeō, valuī, valitūrus	Einfluss haben, Macht haben; wert sein, gelten	E value (Wert) F valoir, la valeur
apud plēbem multum valēre		großen Einfluss auf das Volk haben	
Lēx valet.		Das Gesetz behält die Oberhand.	
Hoc verbum quid valet?		Was bedeutet dieses Wort?	
quīre	queo, quīvī, quitum	können, fähig sein	
nequīre	nequeō, nequīvī *oder* nequiī	nicht können, unfähig sein	
Facta īnfecta fierī nequeunt.		Geschehenes kann man nicht ungeschehen machen.	
posse	possum, potuī	können; Einfluss haben, gelten	E F possible
plūs posse		mehr Einfluss haben	
potior	potius, *Gen.* potiōris	vorzüglicher, wichtiger	
mortem servitūte potiōrem dūcere		den Tod für besser halten als die Knechtschaft	
potius	*(Adv.)*	vielmehr, eher, lieber	
Nihil est, quod potius faciāmus.		Es gibt nichts, das wir lieber täten.	
potissimum	*(Adv.)*	hauptsächlich, am liebsten	
Cūr huic potissimum scrībis?		Warum schreibst du gerade ihm?	
rēgnum	rēgnī n.	Königsherrschaft, Königreich	E reign (Herrschaft) F le règne
rēgnāre	rēgnō, rēgnāvī, rēgnātum	herrschen	E to reign F régner
rēx	rēgis m.	König	F un roi
rēgius	-a, -um	königlich	
imperium	imperiī n.	Befehlsgewalt; Herrschaft, Herrschaftsgebiet	D Imperium E empire F l'empire m.

imperātor	imperātōris *m.*	Befehlshaber, Feldherr	D Imperator E emperor F un empereur
imperāre	imperō, imperāvī, imperātum	befehlen; beherrschen	
omnibus gentibus *(Dat.)* imperāre		über alle Stämme herrschen	
Mīlitibus imperāvit, ut pontem facerent.		Er befahl den Soldaten, eine Brücke zu bauen.	
Eum in vincula dūcī imperāvit.		Er befahl, ihn ins Gefängnis zu werfen.	

 Dīvide et imperā! (Teile und herrsche!), ist ein angeblich von Niccoló Macchiavelli (1469–1527) geprägter politischer Grundsatz, nach dem man über andere herrschen kann, in dem man die unterschiedlichen Interessengruppen gegeneinander ausspielt.

dēfīnīre	dēfīniō, dēfīnīvī dēfīnītum	begrenzen, beschränken; festsetzen	D definieren E to define F définir
vetāre	vetō, vetuī, vetitum	verbieten	D Veto
Dux mīlitēs captīvōs vincīre vetuit.		Der Anführer verbot den Soldaten, die Gefangenen zu fesseln.	
Mīlitēs captīvōs vincīre vetitī sunt.		Die Soldaten durften die Gefangenen nicht fesseln.	
prīnceps	prīncipis *m.*	der Erste, der Vornehmste; Fürst	D Prinz E prince F un prince
Helvetiī prīncipēs cīvitātis lēgātōs mittunt.		Die Helvetier schicken die Vornehmsten ihres Stammes als Unterhändler.	
prīncipātus	prīncipātūs *m.*	die erste Stelle, der oberste Rang; Vorrang, Obergewalt	
prīncipātum in cīvitāte obtinēre		die führende Stellung im Gemeinwesen einnehmen	
obtinēre	obtineō, obtinuī, obtentum	besetzt halten; in Besitz haben	E to obtain (erhalten) F obtenir
assīgnāre	assīgnō, assīgnāvī, assīgnātum	anweisen; zuteilen, übergeben	

potestās	potestātis *f.*	Amtsgewalt, Vollmacht; Möglichkeit	
cōntiōnis habendae potestās		die Vollmacht, eine Volksversammlung einzuberufen	
potestātem facere		die Möglichkeit bieten	
sustentāre	sustentō, sustentāvī, sustentātum	aufrecht halten, schützen, unterhalten	
māiestās	māiestātis *f.*	Größe; Hoheit; Würde	D Majestät E majesty
auctōritās	auctōritātis *f.*	Einfluss; Ansehen; Macht	D Autorität E authority F l'autorité *f.*
ex/sine auctōritāte senātūs		mit/ohne Senatsbeschluss	
dīgnitās	dīgnitātis *f.*	Würde; Rang; Amt	E dignity F la dignité
gravitas	gravitātis *f.*	Gewicht, Bedeutung, Würde	D Gravitation
gravitās armōrum		das Gewicht der Waffen	
gravitās prōvinciae		die Bedeutung der Provinz	
gravitās dīcendī		die Würde der Rede	
grātia	grātiae *f.*	Beliebtheit, Ansehen, Einfluss; Gefälligkeit, Dank	
honōris grātiā		der Ehre wegen	
exemplī grātiā		zum Beispiel	
grātus	-a, -um	angenehm, erwünscht; dankbar	
Cōnsilium mihi grātum est.		Der Ratschlag kommt mir gelegen.	
animō grātissimō		dankbaren Herzens	
invidia	invidiae *f.*	Neid, Missgunst	E envy F l'envie
in invidiam venīre		unbeliebt werden	

Gegensätze ziehen sich an!

quīre	können, fähig sein	⟷	**nequīre**	nicht können, unfähig sein
grātia	Beliebtheit, Ansehen		**invidia**	Neid, Missgunst

59 Staat und Staatsgefährdung

cīvitās	cīvitātis *f.*	Staat, Gemeinde; Bürgerrecht	
in cīvitātem accipī		das (römische) Bürgerrecht erhalten	
cīvitās Athēniēnsium		die Gemeinde von Athen	
cīvis	cīvis *m.*	Bürger	
cīvīlis	cīvīle, *Gen.* cīvīlis	bürgerlich; öffentlich	E F civil
patria (terra)	patriae *f.*	Vaterland, Heimat(stadt)	F la patrie
patrius	-a, -um	väterlich; heimisch	D Patriot
societās	societātis *f.*	Gesellschaft, Gemeinschaft	E society F la société
socius	-a, -um;	gemeinschaftlich	D sozial E F social
socius	socii *m.*	Gefährte	
populus	populī *m.*	Volk; Staatsvolk, Gemeinde	F le peuple
populāris	populāre, *Gen.* populāris	volkstümlich, volksfreundlich	D populär E popular F populaire
populārēs	populārium *m. Pl.*	Volkspartei	
optimātēs	optimātium *m. Pl.*	Adelspartei; Aristokraten	
optimātium dominātiō		Alleinherrschaft der Adelspartei	
partēs	partium *f Pl.*	Partei	E party F un parti
ē mediīs Caesaris partibus esse		zum Kern von Caesars Partei gehören	
vulgus	vulgī *n.*	das Volk, die (breite) Masse	
rēs pūblica		das Gemeinwesen; der Staat	D Republik E republic F la république
in rē pūblicā versārī		politisch tätig sein	

 rēs pūblica bedeutet so viel wie „gemeinsame Sache *(rēs)* aller Bürger *(pūblica)*". Die Römer bezeichneten damit ihren Staat nach der Vertreibung des letzten Königs im Jahre 509 v. Chr. Diese Staatsform fand erst im Jahre 27 v. Chr. mit der Errichtung des römischen Kaiserreichs ihr Ende. Erster römischer Kaiser wurde Augustus.

pūblicus	-a, -um	öffentlich, staatlich	D Publikum, publik E F public
pūblicē	*(Adv.)*	öffentlich, auf Staatskosten	
prīvātus prīvātum ōtium negōtiīs pūblicīs *(Dat.)* praeferre	-a, -um	ohne Amt, persönlich seine private Muße höher schätzen als politische Aufgaben	D privat E private F privé
prīvātim	*(Adv.)*	privat, als Privatmann	
proprius	-a, -um	eigen; eigentümlich	E proper F propre
aliēnus Proprium quam aliēnum agrum colere praestat.	-a, -um	fremd Es ist besser, eigenes statt fremdes Land zu bewirtschaften.	D Alien E alien
concordia concordiā parvae rēs crēscunt, discordiā maximae lābuntur.	concordiae *f.*	Eintracht, Einigkeit Durch Eintracht wird Kleines groß, durch Zwietracht geht Größtes zugrunde.	
discordia	discordiae *f.*	Zwietracht, Uneinigkeit	
factiō Populus paucōrum factiōne oppressus est.	factiōnis *f.*	Partei; politische Clique Das Volk wird von einer Oligarchenclique unterdrückt.	**Falsche Freunde!** D Fakt (Tatsache)
coniūrātiō	coniūrātiōnis *f.*	Verschwörung	
novae rēs rēbus novīs *(Dat.)* studēre	novārum rērum *f. Pl.*	Neuerungen; Umsturz nach Umsturz streben	
tumultus Tumultus gravior est quam bellum.	tumultūs *m.*	Aufruhr, Unruhe (Innerer) Aufruhr ist schlimmer als (äußerer) Krieg.	D Tumult E tumult F un tumulte
sēditiō	sēditiōnis *f.*	Aufstand, Aufruhr	
prōdere nāvem pīrātīs *(Dat.)* prōdere	prōdō, prōdidī, prōditum	preisgeben, verraten; überliefern das Schiff den Seeräubern ausliefern	
prōditiō	prōditiōnis *f.*	Verrat	

Gegensätze, Verwandtschaften und sonstige Beziehungen!

populārēs	Volkspartei		optimātēs	Adelspartei
pūblicus	öffentlich, staatlich		prīvātus	ohne Amt, persönlich
proprius	eigen	⟷	aliēnus	fremd
concordia	Eintracht, Einigkeit, Einklang		discordia	Zweitracht, Uneinigkeit

60 Ständische Ordnung

ōrdō	ōrdinis *m.*	Reihe, Ordnung; Stand	E order
concordia ōrdinum		Eintracht zwischen den Ständen	F un ordre
mīlitum ōrdinēs perturbāre		die Reihen der Soldaten in Unordnung bringen	
ōrdinem (cōn)servāre		Ordnung bewahren	
ōrdō senātōrius		Senatorenstand	
senātor	senātōris *m.*	Senator, Mitglied des Senats	D Senator E senator F un sénateur
senātus	senātūs *m.*	Senat, Staatsrat	E senate F le sénat
cōnscrībere	cōnscrībō, cōnscrīpsī, cōnscrīptum	aufschreiben; einschreiben	
Patrēs cōnscrīptī!		Meine Herren Senatoren! *(Anrede)*	

 Die Anrede *Patrēs cōnscrīptī* umfasst die ursprünglich dem Senat angehörenden Patrizier *(patrēs)* und die seit dem 4. Jh. v. Chr. in die Senatsliste mit eingeschriebenen Angehörigen plebejischer Familien *(cōnscrīptī)*.

patricius	-a, -um	adlig	
patriciī		die Patrizier	
nōbilitās	nōbilitātis *f.*	Adel; Berühmtheit	F la noblesse (Adel)
nōbilis	nōbile, *Gen.* nōbilis	edel, vornehm; berühmt	D nobel E F noble
humilis	humile, *Gen.* humilis	niedrig; gering	
humilī ac obscūrō locō *(Abl.)* nātus		von niederer, unbedeutender Herkunft	
ōrdō equester		Ritterstand	

equester	equestris, equestre, *Gen.* equestris	beritten, aus dem Ritterstand	
eques	equitis *m.*	Reiter, Ritter	
plēbs	plēbis *f.*	(nichtadliges) Volk	
plēbēius	-a, -um	nicht adlig	
plēbēiī		die Plebejer	

patrōnus	patrōnī *m.*	Schutzherr; Anwalt	D Patron
Patrōnum decet clientium fortūnam dēfendere.		Der Schutzherr hat das Vermögen seiner Klienten zu bewahren.	F le patron (Chef)
cliēns	clientis *m.*	Schutzbefohlener; Klient	E client (Kunde) F un client
sodālis	sodālis *m.*	Kamerad; Tischgenosse; Mitglied	
fidēs	fideī *f.*	Vertrauen; Treue; Glaubwürdigkeit; Beistand	
collēgae *(Gen.)* fidem vānam facere		die politische Glaubwürdigkeit des Amtskollegen untergraben	
fidem habēre		Glauben schenken	
fidem datam fallere/ frangere		ein gegebenes Versprechen brechen	

> ! *fidēs* bezieht sich auf Vertragspartner verschiedener Art und meint eine sittliche Bindung, die das Vertrauen des anderen begründet sowie die daraus erwachsende moralische Verpflichtung.

fidūcia	fidūciae *f.*	Vertrauen, Zuversicht	
fidus	-a, -um	treu, zuverlässig	
perfidus	-a, -um	treulos, verräterisch	D perfide

officium	officiī *n.*	Dienst(leistung); Pflicht	E office F une office D offiziell
Officia nōn eadem dispāribus aetātibus *(Dat.)* tribuuntur.		Den verschiedenen Altersgruppen kommen keineswegs dieselben Pflichten zu.	
mūnus	mūneris *n.*	Amt; Aufgabe; Geschenk	

fungī	fungor, fūnctus sum	verrichten, verwalten	
officiō *(Abl.)* fungī		einer Pflicht genügen	
mūnere fungī		ein Amt bekleiden	
merēre *und*	mereō, meruī *und*	verdienen; sich	**D** Meriten
merērī	mereor, meritus sum	verdient machen	**F** mériter
dē rē pūblicā bene meruisse (meritum esse)		sich um den Staat sehr verdient gemacht haben	
meritō *Adv.*		verdientermaßen, mit Recht	
rēctē ac meritō		recht und billig	
honor *oder* **honōs**	honōris *m.*	Ehre; Ehrenamt	**D** Honorar **E** honour **F** l'honneur *m.*
honestus	-a, -um	angesehen; anständig	**E** honest **F** honnête
Quod propter sē petitur, honestum nōmināmus.		Was um seiner selbst willen erstrebt wird, nennen wir das Gute.	
Aliquandō cum illō, quod honestum intellegimus, pūgnāre id vidētur, quod appellāmus ūtile. (Cicero)		Manchmal scheint das, was wir als das Gute erkennen, mit dem, was wir das Nützliche nennen, im Widerstreit zu liegen.	
glōria	glōriae *f.*	Ruhm, Ehre	**D** Glorie **E** glory **F** la gloire
glōriārī	glōrior, glōriātus sum	sich rühmen	
victōriā suā glōriārī		mit seinem Sieg prahlen	
māgnificus	-a, -um	großartig, prächtig	**F** magnifique

Gegensätze, Verwandtschaften und sonstige Beziehungen!

patrōnus	Schutzherr, Anwalt		**cliēns**	Schutzbefohlener, Klient
fīdus	treu, zuverlässig	⟷	**perfidus**	treulos, verräterisch
nōbilis	edel, berühmt, vornehm		**humilis**	niedrig, gering

61 Politisches System

magistrātus	magistrātūs *m.*	Amt, Staatsbeamter; Behörde	**D** Magistrat
gerere	gerō, gessī, gestum	tragen, führen, ausführen	
Est proprium mūnus magistrātūs intellegere sē gerere persōnam cīvitātis.		Es ist eine wesentliche Aufgabe des Beamten zu erkennen, dass er das Gemeinwesen nach außen hin darstellt.	
rem gerere		politisch handeln	
rem pūblicam gerere		regieren	
honestē sē gerere		sich anständig benehmen	
rēs gestae		Taten; Geschichte	
administrāre	administrō, administrāvī, administrātum	verwalten, leiten	**D** Administration **E** administration **F** l'administration
collēga	collēgae *m.*	Amtskollege	**D** Kollege **E** colleague **F** un(e) collègue
cursus honōrum		Ämterlaufbahn, Karriere	
quaestor	quaestōris *m.*	Quästor *(zuständig für Finanzen)*	
aedīlis	aedīlis *m.*	Ädil *(zuständig für innere Angelegenheiten: Polizei, Märkte)*	
praetor	praetōris *m.*	Prätor *(hoher Beamter, zuständig für Rechtsprechung)*	
ex dēcrētō praetōris dē hāc causā		aufgrund einer Entscheidung des Prätors in diesem Prozess	
ēdictum praetōris		Verfügung des (neu gewählten) Prätors (über die Rechtsgrundsätze, nach denen er das iūs cīvīle anwenden will)	

prō praetōre und **prōpraetor**	propraetōris *m.*	Provinzgouverneur mit den Befugnissen eines Prätors (sine imperiō, *d. h. ohne militärische Vollmacht*)	
cōnsul	cōnsulis *m.*	Konsul *(höchster Vertreter der Exekutivgewalt)*	**F** un consul
ā cōnsule in exilium ēiectus		vom Konsul in die Verbannung geschickt	
cōnsulātus	cōnsulātūs *m.*	Konsulamt; Konsulwürde	
prō cōnsule und **prōcōnsul**	prōcōnsulis *m.*	Provinzgouverneur im Range eines Konsuls	
cōnsulāris	cōnsulāre, *Gen.* cōnsulāris	konsularisch; *Subst.* ehem. Konsul	
cēnsor	cēnsōris *m.*	Zensor *(zuständig für Vermögensschätzung und Sittenaufsicht)*	**Falsche Freunde!** **D** Zensur (z. B. im Zeugnis)

> Die Regierungsämter der römischen Republik *(magistrātūs)*, deren Reihenfolge in der Laufbahn *(cursus honōrum)* festgelegt war, wurden durch Wahl *(creāre)* in den Volksversammlungen *(comitia* oder *concilia plēbis)* besetzt. Sie sind gekennzeichnet durch Doppel- oder Mehrfachbesetzung (Kollegialität), gegenseitiges Einspruchs-recht *(iūs intercēdendī)* und einjährige Amtszeit (Annuität). Nur die Zensoren wurden alle fünf Jahre gewählt.

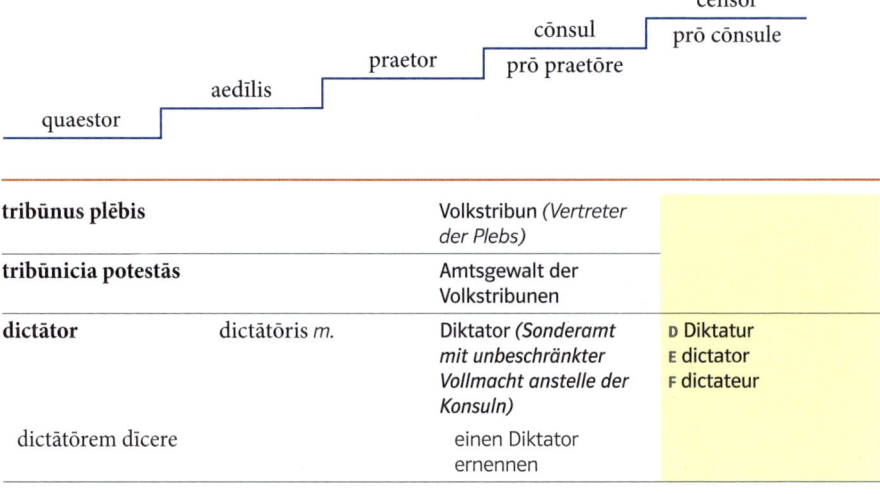

tribūnus plēbis		Volkstribun *(Vertreter der Plebs)*	
tribūnicia potestās		Amtsgewalt der Volkstribunen	
dictātor	dictātōris *m.*	Diktator *(Sonderamt mit unbeschränkter Vollmacht anstelle der Konsuln)*	**D** Diktatur **E** dictator **F** dictateur
dictātōrem dīcere		einen Diktator ernennen	

> **!** Der *tribūnus plēbis* ist der Vertreter der Interessen der Plebs gegenüber den Magistraten und dem Senat. Er hat die Vollmacht, Amtshandlungen zu verhindern *(iūs intercēdendī)*, Volksversammlungen einzuberufen, Gesetze einzubringen und an den Senatssitzungen teilzunehmen.
> *dictātor* ist bis zur Mitte des 2. Jhs. v. Chr. ein auf höchstens 6 Monate befristetes Sonderamt, das bei einem Ausnahmezustand besetzt wurde. Später kommt die Diktatur als unbefristete Alleinherrschaft vor (Sulla, Caesar).

creāre	creō, creāvī, creātum	(er)schaffen, wählen	D kreieren E to create F créer
dēsīgnāre	dēsīgnō, dēsīgnāvī, dēsīgnātum	bezeichnen, bestimmen	D designiert E to designate F désigner
cōnsul dēsīgnātus		gewählter Konsul vor seinem Amtsantritt	
dēcrētum	dēcrētī *n.*	Beschluss, Entscheidung	D Dekret F décréter, le décret
ēdictum	ēdictī *n.*	Anordnung, Verfügung (der Magistrate)	D Edikt E edict F l'édit *m.*
senātūs cōnsultum		Senatsbeschluss	
ēicere	ēiciō, ēiēcī, ēiectum	hinauswerfen, verbannen	
prōscrībere	prōscrībō, prōscrīpsī, prōscrīptum	öffentlich bekannt machen; ächten	D Proskription (Ächtung)
in prōscrīptōrum numerō esse		zum Kreis der Geächteten gehören	
expellere	expellō, expulī, expulsum	vertreiben, verbannen	
forum	forī *n.*	Markt(platz)	F une foire
dē forō dēcēdere		sich aus dem öffentlichen Leben zurückziehen	
rōstra	rōstrōrum *n. Pl.*	die Rednertribüne auf dem Forum	
cūria	cūriae *f.*	Rathaus, Sitzungsgebäude des Senats	
comitia	comitiōrum *n. Pl.*	Volksversammlung; Wahlen	

classis	classis f.	Abteilung; Klasse; Heer; Kriegsflotte	**D** Klasse **E** class **F** une classe
Classicī dīcēbantur nōn omnēs, quī in classibus erant, sed prīmae tantum classis hominēs. *(Gellius, 2. Jh. n. Chr., Noctes Atticae VII 13, 1)*		„Klassiker" hießen nicht alle Angehörigen der Klassen von Bürgern, sondern nur die Leute der ersten Klasse (mit großem Vermögen).	
cōntiō	cōntiōnis f.	öffentliche Versammlung des Volkes *(von einem Magistrat einberufen)*	**Falsche Freunde!** **D** Konto
concilium	conciliī n.	Versammlung	**D** Konzil

Versammlungen und Orte

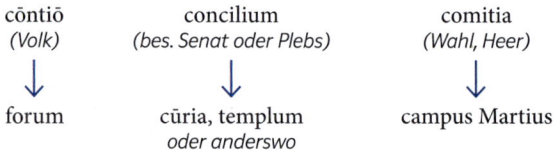

| cōntiō
(Volk) | concilium
(bes. Senat oder Plebs) | comitia
(Wahl, Heer) |
| forum | cūria, templum
oder anderswo | campus Martius |

62 Auswärtige Beziehungen

gēns	gentis f.	Volk; Volksstamm	**F** les gens m.
gentēs exterae	gentium exterārum f. Pl.	auswärtige Völker; Ausland	
nātiō	nātiōnis f.	Volksstamm; Herkunft	**D** Nation, national **E** nation **F** une nation
nātiōne Germānus		ein Germane seiner Abstammung nach	
barbarus	-a, -um	fremd, ausländisch; unzivilisiert	**D** Barbar; barbarisch **E** barbarian **F** barbare
barbarā cōnsuētūdine nūllō ōrdine		nach Barbarensitte ohne jede Ordnung	
fīnis	fīnis m.	Grenze; *Pl.*: Gebiet	**Falsche Freunde!** **D** Finale, final
Fīnēs eōrum sē violātūrum negāvit.		Er versicherte ihnen, dass er ihr Gebiet nicht verletzen werde.	

fīnitimus	-a, -um	angrenzend, benachbart; *Subst.*: Grenznachbar	
prōvincia Ex senātūs cōnsultō prōvincia ei datur.	prōvinciae *f.*	Amtsbereich; Provinz Aufgrund eines Senatsbeschlusses wird ihm die Provinz zur Verwaltung zugeteilt.	E province F une province
lēgātus	lēgātī *m.*	Bevollmächtigter; Gesandter	
lēgātiō	lēgātiōnis *f.*	Gesandtschaft	
foedus	foederis *n.*	Vertrag; Bündnis	
societās	societātis *f.*	Bündnis	E society F la société
socius	sociī *m.*	Bundesgenosse; Verbündeter	D Sozius *(Beifahrer z. B. auf dem Motorrad)*
amīcitia	amīcitiae *f.*	Freundschaftsbündnis	F l'amitié *f.*
amīcus	amīcī *m.*	Freund; politischer Anhänger	F un ami
amīca	amīcae *f.*	Freundin	F une amie
fidēs in fidem atque potestātem populī Rōmānī sē permittere	fideī *f.*	Vertrauen; Treue; Glaubwürdigkeit; Beistand sich dem Schutz und der Macht des römischen Volkes überlassen	**Falsche Freunde!** D fidel
pāx pācem nōn in armīs pōnere, sed in abiectō armōrum metū	pācis *f.*	Vertrag; Frieden den Frieden nicht auf Waffen gründen, sondern darauf, dass es keine Angst vor Waffen mehr gibt	E peace F la paix
pācāre	pācō, pācāvī, pācātum	befrieden, unterwerfen	
in potestātem redigere		unterwerfen	
subicere parcere subiectīs *(Dat.)*	subiciō, subiēcī, subiectum	unterwerfen Unterworfene schonend behandeln	
subigere	subigō, subēgī, subāctum	unterwerfen, bezwingen	

dēficere	dēficiō, dēfēcī, dēfectum	abnehmen; schwinden; abtrünnig werden	
Aqua etiam dēfēcerat.		Sogar das Wasser war ausgegangen.	
animō dēficere		den Mut verlieren	
ā Rōmānīs dēficere		von den Römern abfallen	
Vīrēs mē dēficiunt.		Mir schwinden die Kräfte.	
tribūtum	tribūtī *n.*	Abgabe, Steuern	ᴅ Tribut
māgnitūdine tribūtōrum premī		durch die Höhe der Abgaben belastet sein	

Ein Bund fürs Leben? Arten von Bündnissen

pāx	Abgrenzung der Interessen nach Auseinandersetzung, je nach Kräfteverhältnis auch vom Sieger diktiert
foedus	Bündnis auf Gegenseitigkeit
societās	einseitige politische Abhängigkeit, militärische Gefolgschaft
amīcitia	Freundschaftsvertrag mit Fürsten und Stämmen
amīcus	erblicher Ehrentitel mit Ehrenrechten in Rom (Gastfreundschaft, öffentlicher Ehrensitz, Vertretung vor Gericht)

63 Rechtswesen

iūs	iūris *n.*	Recht	ᴅ Jura, Jurist
Iūs est ars bonī et aequī.		Recht ist Kenntnis und Anwendung dessen, was gut und richtig ist.	
iūs dīcere		Recht sprechen	

> **!** Im juristischen Sprachgebrauch sind *dē iūre* und *dē factō* gebräuchliche Ausdrücke; *dē iūre* bedeutet „laut Gesetz, nach geltendem Recht"; *dē factō* „nach Lage der Dinge, tatsächlich". Umgangssprachlich wird *dē factō* auch im Sinne von „in Wirklichkeit" verwendet.

| **iūdicium** | iūdiciī *n.* | Gericht; Urteil | |
| Līs in iūdiciō est. | | Die Sache liegt dem Gericht vor. | |

lēx	lēgis *f.*	Gesetz, Gebot	D legal
Lēx est, quod populus iubet atque cōnstituit.		Gesetz ist, was das Volk anordnet und festsetzt.	E legal F une loi

 Quellen des römischen Rechts waren die überlieferten Normen *(mōs māiōrum =* Sitte der Vorfahren) und die auf Antrag eines Magistrats *(rogante magistrātū)* vom Volk beschlossenen Gesetze *(lēgēs)*.

causa	causae *f.*	Sache, Ursache; Rechtssache	E cause F une cause
causam agere		einen Prozess führen	
causam dīcere		sich (vor Gericht) verteidigen	
rērum cōgnōscere causās		die Ursachen der Dinge erkennen	
līs	lītis *f.*	Streit, Rechtsstreit	
vindex	vindicis *m.*	*Rolle vor Gericht:* Richter, Ankläger, Verteidiger	
vindicāre	vindicō, vindicāvī, vindicātum	beanspruchen; schützen, befreien; gegen jdn. vorgehen, bestrafen	
vindicāre sibi laudem		Anerkennung für sich in Anspruch nehmen	
vindicāre innocentem ā suppliciō		einen Unschuldigen vor Strafe bewahren	
vindicāre servum in lībertātem		einen Sklaven freilassen	
animadvertere	animadvertō, animadvertī, animadversum	gegen jdn. vorgehen, bestrafen	
animadvertere facinus		ein Verbrechen bestrafen	
animadvertere graviter in sociōs		hart gegen die Bundesgenossen vorgehen	
iūdex	iūdicis *m.*	Richter	
iūdicāre	iūdicō, iūdicāvī, iūdicātum	urteilen, beurteilen	E (to) judge F juger, le juge
fūr	fūris *m.*	Dieb	
reus	reī *m.*	Angeklagter	

In dubiō prō reō (Im Zweifel für den Angeklagten) ist ein römischer Rechtsgrundsatz, der auch heute noch gilt.

patrōnus	patrōnī *m.*	Anwalt, Verteidiger	D (Schutz-)Patron F un patron (Chef)
testis	testis *m. f.*	Zeuge	F le témoin
iūstitia	iūstitiae *f.*	Gerechtigkeit	D Justiz E justice F la justice
iūstus	-a, -um	gerecht	E just F juste
aequitās	aequitātis *f.*	Gleichheit, Angemessenheit, Gerechtigkeit	
Aequitās est iūstitiae *(Dat.)* maximē propria.		Rechtsgleichheit ist für die Gerechtigkeit besonders kennzeichnend.	
aequus	-a, -um	eben, gleich, gerecht	
aequa postulāre		angemessene Forderungen stellen	
inīquus	-a, -um	ungleich, ungerecht	
Tam inīquō iūre sociīs imperātur!		Mit solcher Rechtsbeugung verfährt man Bundesgenossen gegenüber!	
flāgitium	flāgitiī *n.*	Schandtat; Niederträchtigkeit	
iniūria	iniūriae *f.*	Unrecht, Beleidigung	E injury (Verletzung)
iniūriam accipere ab aliquō		durch jdn. Unrecht erleiden	
aliquem iniūriā afficere		jdm. Unrecht antun	
crīmen	crīminis *n.*	Vorwurf, Beschuldigung; Verbrechen	E crime F un crime **Falsche Freunde!** D Krimi, kriminell
falsō crīmine		unter falscher Anschuldigung	
facinus	facinoris *n.*	Tat, Untat; Verbrechen	
scelus	sceleris *n.*	Verbrechen	
scelestus	-a, -um	verbrecherisch, frevelhaft	

scelerātus	-a, -um	frevelhaft; verbrecherisch	
caedēs	caedis f.	Mord	
quaestiō dē caede		Untersuchung in einer Mordsache	
āctiō	āctiōnis f.	Handlung; Rede; Gerichtsverhandlung	D Aktion
			E action
M. Tulliī Cicerōnis āctiō in C. Verrem secunda		Rede Ciceros für die zweite Verhandlung gegen Verres	F une action
accūsāre	accūsō, accūsāvī, accūsātum	anklagen, beschuldigen	E to accuse
			F accuser
aliquem sceleris (scelere) accūsāre		jemanden eines Verbrechens anklagen	
recūsāre	recūsō, recūsāvī, recūsātum	sich verweigern, ablehnen, zurückweisen	
arguere	arguō, arguī, argūtum	beschuldigen, darlegen	D argumentieren
quī arguunt – quī arguuntur		die Ankläger – die Angeklagten	E to argue
			F argumenter
In vinclīs cīvēs Rōmānōs necātōs esse arguō.		Ich klage an, dass man römische Bürger in der Untersuchungshaft (ohne Prozess) getötet hat.	
dēfendere	dēfendō, dēfendī, dēfēnsum	verteidigen	E to defend
			F défendre
aliquem in capitis perīculō dēfendere		jdn. verteidigen, dem die Todesstrafe droht	
convincere	convincō, convīcī, convictum	(einer Sache) überführen, widerlegen	E to convince (überzeugen)
			F convaincre
falsārum tabulārum convincere		der Urkundenfälschung überführen	
iūrāre	iūrō, iūrāvī, iūrātum	schwören	F jurer
iūs iūrandum		Eid, Schwur	
culpa	culpae f.	Schuld	
culpā vacāre		nicht schuldig sein	

> **!** Der Ausdruck *mea culpa* wird auch im Sinne eines Schuldeingeständnisses verwendet. Er kommt aus dem lateinischen Schuldbekenntnis der katholischen Kirche ... *meā culpā, meā culpā, meā māximā culpā* (... durch meine Schuld, durch meine Schuld, durch meine große Schuld).

damnāre	damnō, damnāvī, damnātum	verurteilen, verdammen	E to damn F damner
prōditiōnis damnāre		wegen Verrats verurteilen	
pecūniā damnāre		zu einer Geldstrafe verurteilen	
absolvere	absolvō, absolvī, absolūtum	ablösen, freisprechen	D Absolution E to absolve
caedis absolvere		von der Mordanklage freisprechen	
poena	poenae f.	Strafe; Buße	
pūnīre	pūniō, pūnīvī, pūnītum	bestrafen	E to punish F punir
sevērus	-a, -um	ernst, streng	E severe F sévère
cūstōs	cūstōdis m. f.	Wächter(in)	
custōdīre	custōdiō, custōdīvī, custodītum	bewachen, bewahren	
cūstōdia	cūstōdiae f.	Wache; Haft; Gefängnis	
vinculum *oder* **vinclum**	vinculī n.	Band, Fessel; *Pl.* Gefängnis	
vincīre	vinciō, vinxī, vinctum	binden, fesseln	F vaincre (besiegen)
arripere	arripiō, arripuī, arreptum	ergreifen, aufgreifen, verhaften	
capessere	capessō, capessīvī, capessītum	ergreifen, übernehmen	
exilium	exiliī n.	Verbannung	D Exil E exile F l'exil
exul	*Gen.* exulis	verbannt; *Subst.* Verbannter	
crux	crucis f.	Kreuz; Kreuzigung; Marter	E cross, crucial F une croix **Falsche Freunde!** D Krux (Knackpunkt)
supplicium	suppliciī n.	Todesstrafe, Hinrichtung	
Damnātī suppliciō *(Abl.)* pūnītī sunt.		An den Verurteilten wurde die Todesstrafe vollstreckt.	

Gegensätze, Verwandtschaften und sonstige Beziehungen!

aequus	eben, gleich, gerecht	←——→	inīquus	ungleich, ungerecht
damnāre	verurteilen, verdammen		absolvere	ablösen, freisprechen

64 Militärische Organisation

mīles	mīlitis m.	Soldat	
mīlitāris	mīlitāre, Gen. mīlitāris	soldatisch, militärisch	D Militär
perītus reī mīlitāris		mit dem Kriegshand-werk erfahren	E military D militaire
mīlitia	mīlitiae f.	Kriegsdienst	D Miliz
domī militiaeque		zu Hause und im Felde	
exercitus	exercitūs m.	Heer	
cōpiae	cōpiārum f. Pl.	Truppen, Streitkräfte	
cōpiās cōnscrībere		Truppen ausheben	
legiō	legiōnis f.	Legion (ca. 5000 – 6000 Mann)	E legion F une légion
cohors	cohortis f.	Kohorte (ca. 500 – 600 Mann)	
centuria	centuriae f.	Hundertschaft	
lēgātus	lēgātī m.	Legat, Legions-kommandeur	
tribūnus mīlitum		Militärtribun, Legionsoffizier (sechs in einer Legion)	
centuriō	centuriōnis m.	Zenturio (Führer einer Hundertschaft)	

> ❗ In Rom waren ursprünglich alle römischen Bürger vom 17. bis zum 60. Lebensjahr zum Wehrdienst verpflichtet. Erst um 100 v. Chr. trat an die Stelle des Bürgeraufgebots ein Söldnerheer aus Berufssoldaten, die auch aus Gegenden außerhalb Italiens kamen. Zur Zeit Caesars war das römische Heer folgendermaßen organisiert:
>
> | 1 Legion | = 10 Kohorten | = 3600 – 6000 Mann |
> |---|---|---|
> | 1 Kohorte | = 3 Manipel | = 360 – 600 Mann |
> | 1 Manipel | = 2 Zenturien | = 120 – 200 Mann |
> | 1 Zenturie | | = 60 – 100 Mann |

sīgnum	sīgnī *n.*	Zeichen, Feldzeichen	D Signal E sign F un signe
sacrāmentum	sacrāmentī *n.*	Diensteid	
Mīlitēs sacrāmentō *(Abl.)* (sacramentum) dīcunt.		Die Soldaten schwören den Diensteid.	
dēlēctus *oder* **dīlēctus**	dē- *oder* dīlēctūs *m.*	Auswahl, Truppenaushebung	
dīlēctum habēre		Truppen ausheben	
recuperāre	recuperō, recuperāvī, recuperātum	wiedererlangen, wiedergewinnen, wiedererobern	
stīpendium	stīpendiī *n.*	Sold	D Stipendium
stīpendia merēre		Kriegsdienst leisten	
corōna *(griech.)*	corōnae *f.*	Ehrenkranz; Belagerungsring; Zuhörerkreis	E crown (Krone) F une couronne
urbem corōnā circumdare		einen Belagerungsring um die Stadt legen	

 Mit der *corōna cīvica*, einem Eichenkranz, wurden in Rom diejenigen geehrt, die einen Feind getötet und damit einem Mitbürger das Leben gerettet hatten.

equitātus	equitātūs *m.*	Reiterei
pedes	peditis *m.*	Soldat zu Fuß, Infanterist
impedīmenta	impedīmentōrum *n. Pl.*	Gepäck, Tross
cum omnibus impedīmentīs		mit dem gesamten Tross
expedītus	-a, um	frei, ungehindert; kampfbereit; *Subst.* Leichtbewaffneter
expedīre	expediō, expedīvī, expedītum	frei machen; bereit machen
iter fugae *(Dat.)* expedīre		einen Fluchtweg freihalten
cum expedītā manū mīlitum		mit einer kampfbereiten Gruppe
rem frūmentāriam expedīre		die Proviantfrage regeln

arma	armōrum *n. Pl.*	Waffen; Gerät	**E** arms (Waffen)
vī et armīs capere		mit Waffengewalt einnehmen	**F** une arme
armāre	armō, armāvī, armātum	bewaffnen, ausrüsten	**E** to arm **F** armer
armātus	-a, -um	bewaffnet, in voller Rüstung	
inermis *oder* **inermus**	-e *oder* -a, -um	unbewaffnet	
scūtum	scūtī *n.*	Schild	
scūtīs capita tegere		mit den Schilden den Kopf schützen	
vīnea	vīneae *f.*	Schutzdach	
pīlum	pīlī *n.*	Wurfgeschoss, Pilum	**D** Pfeil
tēlum	tēlī *n.*	Angriffswaffe	
tēlōrum nūbēs		ein Geschosshagel	
cuspis	cuspidis *f.*	Spitze, Stachel; Spieß	
gladius	gladiī *m.*	(kurzes) Schwert	**D** Gladiole, *auch:* Schwertlilie
ferrum	ferrī *n.*	Eisen; Waffe, Schwert	**F** le fer
ferrō īgnīque		mit Feuer und Schwert	

castra	castrōrum *n. Pl.*	Lager	
castra vallō fossāque mūnīre		das Lager mit Wall und Graben befestigen	
castra movēre		das Lager abbrechen	
castellum	castellī n	Festung, Bollwerk	**D** Kastell **E** castle **F** le château
hīberna	hībernōrum (castra) *n. Pl.*	Winterlager	
vallum	vallī *n.*	Wall	**E** wall (Mauer) **Falsche Freunde!** **F** une vallée (Tal)
fodere	fodiō, fōdī, fossum	(aus)graben; durchbohren	
fossa	fossae *f.*	Graben; Kanal	**F** un fossé

Gegensätze ziehen sich an!

armātus	bewaffnet, in voller Rüstung	⟷	**inermis** *oder* **inermus**	unbewaffnet

65 Kampf, Sieg und Niederlage

bellum	bellī *n.*	Krieg	
cum Germānīs bellum gerere		gegen die Germanen Krieg führen	
bellum dūcere		den Krieg in die Länge ziehen	
bellum cīvīle		Bürgerkrieg	
bellāre	bellō, bellāvī	Krieg führen; streiten	
hostis	hostis *m.*	Feind (vor allem Feind des römischen Staates)	
īnfēstus	-a, um	feindlich, feindselig	
congredi	congredior, congressus sum	zusammenkommen, zusammenstoßen, kämpfen	D Kongress E congress F un congrès
proelium	proeliī *n.*	Gefecht, Kampf	
aequō proeliō *(Abl.)* discēdere		sich unentschieden trennen	
pūgna	pūgnae *f.*	Kampf, Schlacht	
pūgnāre	pūgnō, pūgnāvī, pūgnātum	kämpfen	
oppūgnāre	oppūgno, oppūgnāvī, oppūgnātum	belagern, bestürmen	
expūgnāre	expūgnō, expūgnāvī, expūgnātum	erstürmen, erobern	
agmen	agminis *n.*	Heereszug	
agmen prīmum,		Vorhut	
agmen novissimum		Nachhut	
aciēs	aciēī *f.*	Schlachtordnung; Feldschlacht	
in aciē cadere		in der Feldschlacht fallen	
ācer	ācris, ācre, *Gen.* ācris	scharf, spitz; erbittert	
acūtus	-a, -um	spitz; scharfsinnig	D akut E acute
Illud erat breve et acūtum.		Das war kurz und geistreich.	
cornu	cornūs *n.*	Horn; Heeresflügel	E horn F une cornue (Horn)
auxilium	auxiliī *n.*	Hilfe; *Pl:* Hilfstruppen	

subsidium	subsidiī *n.*	Hilfsmannschaft; Reserve	
subsidiīs *(Abl.)* cornua firmāre		die Flügel mit Reservemannschaften verstärken	
praesidium	praesidiī *n.*	Schutz; Besatzung	D Präsident E president D un président

sternere	sternō, strāvī, strātum	hinbreiten, niederwerfen	
Strātī caede hostēs fuērunt.		Die Feinde lagen niedergemetzelt da.	
prōicere	prōiciō, prōiēcī, prōiectum	hinwerfen, niederwerfen; preisgeben	D projizieren, Projekt D project D un projet
arma prōicere		die Waffen niederlegen	
vincere	vincō, vīcī, victum	siegen, besiegen	F vaincre

> ! *In hōc sīgnō vincēs.* (In diesem Zeichen wirst du siegen.) Übersetzung des griechischen Mottos, dass Kaiser Konstantin (306–337) mit einem Kreuz als Zeichen vor der Entscheidungsschlacht gegen seine Rivalen Maxentius erschienen sein soll.
> *Vēnī. Vīdī. Vīcī.* (Ich kam, sah und siegte.) Mit diesem Motto brachte Caesar bei seinem Triumphzug einen im römischen Bürgerkrieg errungenen Sieg auf den Punkt.

victor	victōris *m.*	Sieger; *Adj.* siegreich	
victōria	victōriae *f.*	Sieg	E victory F une victoire
triumphus	triumphī *m. (griech.)*	Siegeszug, Triumph	E triumph F le triomphe

clādēs	clādis *f.*	Niederlage, Verlust	
praeda	praedae *f.*	Beute	
obses	obsidis *m. f.*	Geisel; Bürge	
victīs *(Dat.)* obsidēs imperāre		von den Besiegten Geiseln fordern	
captīvus	-a, -um	gefangen; *Subst.* Gefangener	E captive F (un) captif
sub iugum mittere		zu Sklaven machen	

vigilāre	vigilō, vigilāvī, vigilātum	wachen, wachsam sein	E vigil F un vigilant, vigilant

vigilia	vigiliae *f.*	(Nacht-)Wache, Wachposten	
cūstōdiās vigiliāsque in mūrō dispōnere		Wachposten auf der Mauer verteilen	
statiō	statiōnis *f.*	Wachposten	D Station
In apertō locō paucae statiōnēs equitum vidēbantur.		Im offenen Gelände konnte man einige Reiterposten sehen.	E station (Station, Bahnhof) F une station
explōrāre	explōrō, explōrāvī, explōrātum	erkunden	E exploration, to explore F une exploration, explorer
explōrātor	explōrātōris *m.*	Kundschafter	
explōrātōrēs praemittere, quī locum idōneum castrīs dēligant		Kundschafter voraus- schicken, die einen geeigneten Lager- platz aussuchen sollen	
cingere	cingō, cinxī, cinctum	umgürten; umgeben	F une ceinture (Gürtel)
urbem omnibus cōpiīs (*Abl.*) cingere		die Stadt mit allen Truppen einschließen	
circumvenīre	circumveniō, circumvēnī, circumventum	umringen, umzingeln	
lēgātō circumventō (*Dat.*) subvenīre		dem eingeschlosse- nen Kommandeur zu Hilfe kommen	
interclūdere	interclūdō, interclūsī, interclūsum	absperren; abschneiden	
interclūsī flūminibus (*Abl. instrumentalis*)		durch Flüsse abge- schnitten	
hostēs frūmentō (*Abl. separativus*) interclūdere		die Feinde von ihrer Getreidequelle abschneiden	
obsidēre	obsīdeō, obsēdī, obsessum	belagern, besetzt halten	
īnsidiae	īnsidiārum *f. Pl.*	Falle, Hinterlist	
Imperātor dē īnsidiīs ex perfugīs certior factus est.		Der Feldherr erfuhr durch Überläufer von dem Anschlag.	
perturbāre	perturbō, perturbāvī, perturbātum	beunruhigen, verwirren	
turba	turbae *f.*	Verwirrung, Getümmel, (Menschen-)Haufen	

repellere	repellō, reppulī, repulsum	zurücktreiben; abweisen	
redūcere	redūcō, redūxī, reductum	zurückführen; zurückziehen	D reduzieren E to reduce (verringern) F réduire
recipere	recipiō, recēpī, receptum	zurücknehmen, aufnehmen	
sē recipere		sich zurückziehen	
dēdere	dēdō, dēdidī, dēditum	hingeben; ausliefern; widmen	
hostibus sē dēdere		sich den Feinden ergeben	
dēditī	dēditōrum *m. Pl.*	Unterworfene	
occupāre	occupō, occupāvī, occupātum	einnehmen, besetzen	D okkupieren E to occupy F occuper

fugere	fugiō, fūgī, fugitūrus *(mit Akk.)*	fliehen, meiden	F fuir
fuga	fugae *f.*	Flucht	F la fuite
prōfugere	prōfugiō, prōfūgī	davonlaufen, das Weite suchen	
effugere	effugiō, effūgī, effugitūrus	entfliehen, entkommen	
vim tempestātis effugere		der Gewalt des Sturmes entkommen	
fugāre	fugō, fugāvī, fugātum	in die Flucht schlagen, vertreiben	
hostēs fundere ac fugāre		die Feinde vernichtend schlagen	
persequī	persequor, persecūtus sum	verfolgen, einholen	
fugientēs hostēs ūsque ad flūmen persequī		die fliehenden Feinde hartnäckig bis zum Fluss verfolgen	
succumbere	succumbō, succubuī, succubitum	niederfallen; unterliegen	

66 Gewalt und Töten

vīs	vim, vī *f.*	Gewalt	
Quid est, quod contrā vim sine vī fierī possit?		Was kann man gewaltlos gegen Gewalt ausrichten?	
vim afferre		Gewalt anwenden/ antun	
violāre	violō, violāvī, violātum	verletzen; entehren	E to violate (vergewaltigen) F violer
premere	premō, pressī, pressum	drücken, bedrängen	
inopiā premī		von Armut bedrängt werden	
opprimere	opprimō, oppressī, oppressum	überfallen, bedrängen, unterdrücken	
Armīs oppressa tyrannum cīvitās pertulit.		Nur unter dem Druck der Waffen ertrug die Stadt den Gewalt- herrscher.	
torquēre	torqueō, torsī, tortum	drehen, schleudern; foltern	
verberāre	verberō, verberāvī, verberātum	schlagen	
laedere	laedō, laesī, laesum	verletzen, beschädigen	D lädiert
Arborēs frīgore laesae sunt.		Die Bäume haben Frostschaden erlitten.	
vexāre	vexō, vexāvī, vexātum	quälen	
crūdēlis	crūdēle, *Gen.* crūdēlis	grausam	E F cruel
saevus	-a, -um	wütend, grimmig	
atrōx	*Gen.* atrōcis	schrecklich, wild	E atrocious F atroce
ruīna	ruīnae *f.* ruīnārum *f. Pl.*	Sturz; Einsturz; Untergang; Niederlage	D Ruin, Ruine E ruin F la ruine
ruīnae		Trümmer	
dēlēre	dēleō, dēlēvī, dēlētum	zerstören, vernichten	
convertere	convertō, convertī, conversum	umwenden, in Unordnung bringen	
in terrōrem conversus		in Panik versetzt	

ēvertere	ēvertō, ēvertī, ēversum	umstürzen, zerstören	
corripere	corripiō, corripuī, correptum	ergreifen; an sich reißen	
dīripere	dīripiō, dīripuī, dīreptum	plündern, zerstören	
Portus ā pīrātīs dīreptus est.		Der Hafen wurde von Seeräubern geplündert.	
turbāre	turbō, turbāvī, turbātum	verwirren	E (to) trouble F troubler
vāstāre	vāstō, vāstāvī, vāstātum	verwüsten	
vāstus	-a, -um	öde, wüst, ungeheuer weit	E vast (weit) F vaste
vāstō atque apertō marī		auf dem weiten, offenen Meer	
nex	necis f.	Mord; Tod	
necāre	necō, necāvī, necātum	töten, hinrichten	
Lēx lāta est, nē quis magistrātus cīvem Rōmānum necāret nēve verberāret.		Es wurde ein Gesetz eingebracht, dass kein Beamter einen römischen Bürger töten oder auspeitschen lassen dürfe.	
perniciēs	perniciēī f.	Verderben; Untergang	
interficere	interficiō, interfēcī, interfectum	töten, vernichten	
occīdere	occīdō, occīdī, occīsum	niederhauen, töten	
Occīdisse patrem Sex. Rōscius arguitur.		Sextus Roscius wird des Vatermordes beschuldigt.	

167

67 Räumliche Begriffe

locus	locī *m.*	Ort, Platz, Stelle	F le lieu
honestō/humilī locō nātus		von vornehmer/niedriger Abstammung	
loca	locōrum *n. Pl.*	Orte, Gegend	
locāre	locō, locāvī, locātum	stellen, legen	
collocāre	collocō, collocāvī, collocātum	aufstellen, unterbringen	
in fugā spem salūtis collocāre		die Hoffnung, gerettet zu werden; auf die Flucht setzen	
spatium	spatiī *n.*	Raum, Strecke; Zeitraum	E space F l'espace
spatium ad cōgitandum sūmere		sich Zeit zum Nachdenken nehmen	
intervallum	intervallī *n.*	Zwischenraum; Zwischenzeit	D Intervall
sine intervallō		ohne Unterbrechung	
regiō	regiōnis *f.*	Richtung; Gegend	D Region E region F la région
situs	-a, -um	gelegen, befindlich	E situated F situé
pertinēre ad	pertineō, pertinuī	sich erstrecken bis	
longus	-a, -um	lang, weit; lange	E F long
Longum est omnia ēnumerāre.		Es würde zu weit führen, alles aufzuzählen.	
brevis	breve *Gen.* brevis	kurz	E brief F bref
lātus	-a, -um	weit, breit	
longē lātēque		weit und breit	
angustus	-a, -um	eng; schwierig	
Rēs est adducta in angustum.		Die Situation wurde schwierig.	

amplus	-a, -um	weit, geräumig, groß; bedeutend	E F ample
Corpore fuit amplō atque rōbustō.		Er war von großer, kräftiger Statur.	
amplae atque potentēs urbēs		bedeutende und mächtige Städte	
altus	-a, -um	hoch; tief	F haut (hoch)
in altum nāvigāre		aufs hohe Meer hinausfahren	
altitūdō	altitūdinis f.	Höhe; Tiefe	E altitude
Flūmen/Mōns erat māgnā altitūdine.		Der Fluss/Berg war von beträchtlicher Tiefe/Höhe.	F l'altitude
propinquus	-a, -um	nahe, benachbart	
appropinquāre	appropinquō, appropinquāvī, appropinquātum	sich nähern	E to approach F s'approcher
versārī	versor, versātus sum	sich aufhalten	
versārī hōc locō		sich an diesem Ort aufhalten	
versārī Rōmae		in Rom weilen	
versārī in castrīs		sich im Lager befinden	
versārī in errōre		in einem Irrtum verharren	
adversus	-a, -um	gegenüber (befindlich); entgegen; feindlich	
Avēs ēventūs sīgnificant aut adversōs aut secundōs.		Die Vögel zeigen kommendes Unheil oder Glück an.	
dīversus	-a, -um	entgegengesetzt, verschieden	E diverse F divers
itineribus dīversīs discēdere		in verschiedene Richtungen auseinandergehen	

contrā	(+ Akk.)	gegen	F contre
secundum aut contrā nātūram vīvere		naturgemäß oder entgegen der Natur leben	
contrā	Adv.	entgegen; gegenüber	
Ut hī miserī, sīc contrā illī beātī.		Wie es diesen schlecht geht, geht es jenen im Gegensatz dazu gut.	
contrarius	-a, -um	gegenüberliegend, (dem Feinde) zugewandt	D konträr F contraire (entgegengesetzt, gegenteilig)
Collis nāscēbātur adversus huic et contrārius.		Ein Hügel erhob sich diesem hier genau gegenüber.	

sinister	sinistra, sinistrum	links	
dexter	dext(e)ra, dext(e)rum	rechts	
medius	-a, -um	in der Mitte befindlich	E in the middle
urbs in mediā īnsulā sita		eine Stadt mitten auf der Insel	

 In mediās rēs bedeutet „mitten in die Dinge" und kennzeichnet einen Erzählstil, der gleich ohne große Umschweife zur Sache kommt. Die Wendung stammt aus Horaz' *Ars poëtica* und beschreibt dort den Erzählstil des griechischen Dichters Homer.

Gegensätze ziehen sich an!

longus	lang		brevis	kurz
lātus	weit; breit	⟷	angustus	eng
sinister	links		dexter	rechts

68 Räumliche Beziehungen

extrā	(+Akk.)	außerhalb von	D E F extra
extrā	Adv.	außen	
Nihil fit extrā fātum.		Nichts geschieht außerhalb der Vorsehung.	
exter *und* exterus	-a, -um	auswärtig	D extern
exterior	exterius Gen. exteriōris	weiter außen, äußerer	E exterior F extérieur

extrēmus	-a, -um	äußerster, letzter	D extrem
			E extreme
extrēmum supplicium		die Todesstrafe	F extrême

intrā	(+Akk.)	innerhalb von	
intrā	Adv.	innen	
intrā lēgem		im Rahmen des Gesetzes	
interior	interius *Gen.* interiōris	weiter innen, innerer; vertrauter	E interior
			F intérieur
intimus	-a, -um	innerster; eng befreundet	D intim
			F intime
Ille in intimīs est meīs.		Er gehört zu meinen engsten Freunden.	
intus	Adv.	innen; von innen; nach innen	

suprā	(+Akk.)	oberhalb von, über … hinaus	
suprā	Adv.	oben	
ea, quae suprā scrīpsī		(das,) was ich weiter oben geschrieben habe	
superior	superius *Gen.* superiōris	weiter oben, höherer; (zeitlich) voriger	E superior
			F supérieur
suprēmus	-a, -um	höchster, oberster; letzter	E supreme
			F suprême
summus	-a, -um	oberster, höchster	
summō in monte		auf der Spitze des Berges	
summa	summae, *f.*	Vorrang; Hauptsache; Gesamtheit	D Summe
			F la somme (Summe)
summa imperiī		der Oberbefehl	

 Der Ausdruck *summa summārum* bedeutet so viel wie „die Summe von allem", wird im Deutschen aber oft im Sinne von „alles in allem" verwendet.

īnfrā	(+Akk.)	unterhalb von	
īnfrā	Adv.	unten	
īnferior	īnferius *Gen.* īnferiōris	weiter unten; geringerer	E inferior
			F inférieur
īnfimus *und* īmus	-a, -um	unterster, geringster	

ultrā	*(+Akk.)*	jenseits von, über … hinaus	**Falsche Freunde!**
ultrā	*Adv.*	jenseits	D Ultra (radikaler Vertreter einer Sache)
ulterior	ulterius *Gen.* ulteriōris	weiter entfernt, entfernterer	
ultimus	-a, -um	entferntester, äußerster, letzter	E ultimate F ultime
senātūs cōnsultum ultimum		Erklärung des Notstandes durch den Senat	D Ultimatum F ultimatum

 Mit *ultima ratiō* bezeichnet man den letzten Ausweg aus einem Interessenkonflikt, wenn zuvor alle sonstigen Lösungsvorschläge zu keiner Einigung geführt haben.

citrā	*(+Akk.)*	diesseits von	
citrā	*Adv.*	diesseits	

prope	*(+Akk.)*	nahe bei, in der Nähe von	**Falsche Freunde!**
prope	*Adv.*	beinahe	F propre (sauber)
Prope oblītus sum!		Beinahe hätte ich das vergessen!	
propior	propius, *Gen.* propiōris	näherer; ähnlicherer	
propius	*Adv.*	näher	
propius accēdere		näher heranrücken	
proximus	-a, -um	nächster, letzter	
Iam scīmus, quid proximā, quid superiōre nocte ēgeris.		Wir wissen bereits, was du in der letzten Nacht/was du in der Nacht davor getrieben hast.	
Proficīscar Kalendīs proximīs.		Ich werde am nächsten Ersten reisen.	
procul	*(+Abl.)*	fern von	
procul	*Adv.*	fern, weit; aus der Ferne; in die Ferne	
forās	*Adv.*	hinaus	
forīs	*Adv.*	draußen	

Gegensätze ziehen sich an!

exträ	außerhalb von; außen		**inträ**	innerhalb von; innen
exterior	weiter außen; äußerer		**interior**	weiter innen; innerer
suprä	oberhalb von; oben	←——→	**īnfrä**	unterhalb von; unter
superior	weiter oben; höherer		**īnferior**	weiter unten; geringerer
prope	nahe bei, in der Nähe von		**procul**	fern von
citrä	diesseits von; diesseits		**ulträ**	jenseits von; jenseits

69 Räumliche Orientierung

quō	wohin; wie weit	
hūc	hierher	
eō	dorthin, dahin; bis zu diesem Punkt, so weit	
eōdem	an derselben Stelle, an dieselbe Stelle	
illūc *und* **illō**	dahin, dorthin	
hūc atque illūc intuērī	die Sache von zwei Seiten betrachten	
ubī	wo	**F** où
Ubī terrärum sumus?	Wo in aller Welt sind wir?	
quä	wo, wohin	
Caesar īre contendit, quä proximum iter per Alpēs erat.	Caesar durcheilte auf dem kürzesten Wege die Alpen.	
hīc	hier	**F** ici
ibī	da	
Ibī imperium erit, ubī victōria fuerit.	Die Herrschaft wird bei dem liegen, der gesiegt hat.	
illīc	da, dort	
alibī	anderswo	**Falsche Freunde!** **D** Alibi
ubīque	überall	

ubicumque	wo auch immer
Patria est, ubicumque est bene.	Heimat ist überall da, wo es einem gut geht.
utrimque	auf beiden Seiten

unde	woher
Quaesīvit, unde esset epistula.	Er fragte, woher der Brief komme.
Iam ad id, unde dīgressī sumus, revertāmur!	Kehren wir zu dem Punkt zurück, von dem wir ausgegangen sind!
hinc	von hier
procul hinc abīre	weit von hier weggehen
inde	von dort
undique	von allen Seiten; auf allen Seiten

Gegensätze ziehen sich an!

hīc	hier		ibī	dort
hūc	hierher	⟷	illūc	dorthin
hinc	von hier		inde	von dort

	„Wohin?"	„Wo?"	„Woher?"
fragend (interrogativ)	quō? quā?	ubī? quā?	unde?
sich beziehend (relativ)	quō quā	ubī, ubicumque quā	unde
hinweisend (demonstrativ)	hūc eō, eōdem illūc	hīc ibī illīc	hinc inde illinc
gegenüberstellend (alternativ)	aliō	alibī	ex aliō locō
verallgemeinernd (generalisierend)	quōcumque	ubīque ubicumque undique	undique

70 Lage und Bewegung im Raum

esse	sum, fuī, futūrus	sein, vorhanden sein	F être
fore = futūrum esse		sein werden	
īre	eō, iī, itum	gehen	

apud	*(+ Akk.)*	bei, nahe bei	
apud plēbem multum valēre		beim Volk viel ausrichten können	
ad	*(+ Akk.)*	bei, an; zu, nach	
pūgna ad Cannās facta		die Schlacht bei Cannae	
Ad trecentōs captī sunt.		An die 300 wurden gefangen.	
adesse	adsum, adfuī *(+ Dat.)*	anwesend sein, teilnehmen	
adesse comitiīs		sich an der Volksversammlung beteiligen	
adesse fūnerī		an einer Beisetzung teilnehmen	
adesse lūdīs		den Spielen beiwohnen	
adīre	adeō, adiī, aditum	herangehen; bitten	
adīre ōrāculum		das Orakel befragen	
adīre patrōnum		sich an den Patron wenden	
adīre in iūs		vor Gericht ziehen	
aditus	aditūs *m.*	Zugang	
accēdere	accēdō, accessī, accessum	herantreten, hinzukommen	
accēdere ad rem pūblicam		in die Politik gehen	

ā, ab	*(+ Abl.)*	von, von … her	
abesse		abwesend sein, fehlen	
decem mīlia passuum ab urbe abesse		zehn Meilen von der Stadt entfernt sein	
Nōn multum āfuit, quīn urbs caperētur.		Es hätte nicht viel gefehlt, und die Stadt wäre eingenommen worden.	

absēns	*Gen.* absentis	abwesend	E F absent
mē absente		in meiner Abwesen-heit	
abīre	abeō, abiī, abitum	weggehen	
dē	*(+ Abl.)*	von; von … herab; von … her	F de
dē pāce agere		über einen Friedens-vertrag verhandeln	
dēesse	dēsum, dēfuī, dēfutūrus	abwesend sein, mangeln	
Nāvēs nōbīs *(Dat.)* dēsunt.		Wir haben keine Schiffe.	
convīviō *(Dat.)* dēesse		am Gastmahl nicht teilnehmen	
dēcēdere	dēcēdō, dēcessī, dēcessum	weggehen	F décéder (versterben)
(dē) forō dēcēdere		sich aus der Politik zurückziehen	
in	*(+ Akk.)*	nach (… hin), in (… hinein); gegen	
in L. Catilīnam ōrātiō		Rede gegen L. Catilina	
in	*(+ Abl.)*	in; an; auf; bei	D E in
inesse	īnsum, īnfuī	enthalten sein, sich befinden	
Auctōritās sermōnī inerat.		Seine Rede besaß Glaubwürdigkeit.	
inīre	ineō, iniī, initum	hineingehen; beginnen	
magistrātum inīre		ein Amt antreten	
vēre ineunte		bei Frühlingsanfang	
initium	initiī *n.*	Eingang; Anfang	D Initiative
ē, ex	*(+ Abl.)*	aus; von … her	
Haec audīvī ex amīcō.		Das habe ich von einem Freund gehört.	
dolēre ex morte fīliī		Schmerz über den Tod des Sohnes empfinden	
exīre	exeō, exiī, exitum	herausgehen	
exitus	exitūs *m.*	Ausgang; Ergebnis	E exit

sub	(+ Akk.)	*räumlich:* unter; unter ... hin *zeitlich:* unmittelbar vor/nach	
sub montem succēdere		an den Berg heran- rücken	
sub	(+ Abl.)	unter, unterhalb von	
sub monte cōnsīdere		am Fuß des Berges Stellung beziehen	
subīre	subeō, subiī, subitum	nahe herangehen	
perīculum subīre		sich einer Gefahr aussetzen	
super	(+ Akk.)	über, über ... hinaus; darüber	
superesse	supersum, superfuī	übrig sein; überlegen sein	
trāns	(+ Akk.)	über ... hinaus, jenseits von	
trānsīre	trānseō, trānsiī, trānsitum	hinübergehen, überschreiten	
inter	(+ Akk.)	zwischen, unter	**F** entre
Inter meam sententiam et tuam multum interest.		Es besteht ein großer Unterschied zwi- schen meiner und deiner Meinung.	
interesse	intersum, interfuī	dazwischen sein, teilnehmen	**Falsche Freunde!** **D** Interesse
Omnibus interfuī proeliīs *(Dat.)*.		Ich habe an allen Gefechten teil- genommen.	
interīre	intereō, interiī, interitum	(ver)schwinden; zugrunde gehen	
praeter	(+ Akk.)	an ... vorbei; außer	
praeter moenia fluere		an den Mauern vorbeifließen	
praeter spem		wider Erwarten	
omnēs praeter Fabium		alle außer Fabius	

177

praeterīre	praetereō, praeteriī, praeteritum	vorübergehen; (jdn./ etw.) übergehen	
Praetereō, quid tum sit āctum.		Von dem, was dann geschah, rede ich nicht.	
circā *und* **circum**	*(+ Akk.)*	um ... herum	**D E** circa
circā	*Adv.*	ungefähr	
circumdare	circumdō, circumdedī, circumdatum	umgeben	
locum vallō fossāque circumdare		den Platz mit einem Wall und einem Graben umgeben	
secundum	*(+ Akk.)*	an ... entlang; (unmittelbar) nach; gemäß	**Falsche Freunde!** **D** sekundär
secundum comitia		gleich nach den Wahlen	
secundum nātūram vīvere		naturgemäß leben	
prae	*(+ Abl.)*	vor; im Vergleich zu	
prae lacrimīs loquī nōn posse		vor Tränen nicht sprechen können	
praeesse	praesum, praefuī	vorstehen, leiten	
nāvī faciendae praeesse		den Schiffbau leiten	
praemittere	praemittō, praemīsī, praemissum	vorausschicken	
prō	*(+ Abl.)*	vor; für	**D** pro
cōpiās prō castrīs collocāre		Truppen vor dem Lager aufstellen	
prō victōriā pūgnāre		um den Sieg kämpfen	
prō multitūdine hominum		im Verhältnis zur Anzahl der Menschen	
prōcēdere	prōcēdō, prōcessī, prōcessum	vorankommen, vorrücken	**D** Prozedere **E** to proceed **F** procéder (vorgehen, verfahren)
modus prōcēdendī		Vorgehensweise	
re(d)-	*(Vorsilbe)*	zurück	

remittere	remittō, remīsī, remissum	zurückschicken; nachlassen	
redīre	redeō, rediī, reditum	zurückgehen, zurückkehren	
reditus	reditūs *m.*	Rückkehr	
restāre	restō, restitī	übrig bleiben	F rester (bleiben)
obviam	*Adv.*	entgegen	
obviam īre		begegnen, entgegengehen	
obīre	obeō, obiī, obitum	entgegengehen; besuchen; unternehmen	
diem suprēmum obīre		eines natürlichen Todes sterben	
per	*(+ Akk.)*	durch (… hindurch)	
per multās hōrās		viele Stunden lang	
certiōrem facere aliquem per litterās (per nūntium)		jemanden brieflich (durch Boten) benachrichtigen	
pervenīre	perveniō, pervēnī, perventum	durchkommen, hingelangen	F parvenir
in senātum pervenīre		zur Senatorenwürde gelangen	

Gegensätze ziehen sich an!

adesse	anwesend sein		**abesse** **dēesse**	abwesend sein
adīre	herangehen		**abīre**	weggehen
inīre	hineingehen		**exīre**	herausgehen
in	in	⟷	**ē, ex**	aus
initium	Eingang; Anfang		**exitus**	Ausgang; Ergebnis
sub	unter		**super**	über
praemittere	vorausschicken		**remittere**	zurückschicken
prōcēdere	vorankommen, vorrücken		**redīre**	zurückkehren, zurückschicken

71 Zeitbegriffe

tempus	temporis *n.*	Zeit	**D** Tempus **F** le temps **Falsche Freunde!** **D** Tempo
aetās	aetātis *f.*	Lebensalter; Zeitalter	
aetātem in litterīs agere		seine Lebenszeit mit wissenschaftlicher Beschäftigung verbringen	
clārissimus ōrātor suae aetātis		der glänzendste Redner seiner Zeit	
saeculum	saeculī *n.*	Zeitalter; Jahrhundert	**F** le siècle
licentia huius saeculī		die Zügellosigkeit dieser Zeit	
spatium	spatiī *n.*	Zeitraum, Frist	**E** space **F** l'espace
spatium cōnsiliī habendī		Bedenkzeit	
intervallum	intervallī *n.*	Zwischenzeit; Zwischenraum; Entfernung	**D** Intervall **E** interval **F** un intervalle
diēs	diēī *m.;* diēī *f.*	Tag *(m.);* Termin *(f.)*	**E** day
Diem dīcunt, quā diē omnēs conveniant.		Sie machen einen Termin aus, zu dem sich alle treffen sollen.	
interdiū		bei Tage	
cottīdiē	*Adv.*	täglich	
cottīdiānus	-a, -um	täglich	**F** quotidien
lūx	lūcis *f.*	Licht; Tag(eslicht)	**Falsche Freunde!** **F** le luxe (Luxus)
ante lūcem		vor Tagesanbruch	

 Fiat lūx. (Es werde Licht.) ist ein Satz aus der biblischen Schöpfungsgeschichte (Gen 1, 3).

merīdiēs	merīdiēī *f.*	Mittag; Süden	

 Die Abkürzungen „a.m." und „p.m." in englischen Zeitangaben stehen für *ante merīdiem* (vor Mittag) und *post merīdiem* (nach Mittag).

vesper	vesperī *m.*	Abend	**D** Vesper
sub vesperum		gegen Abend	
vesperī	*Adv.*	abends	

nox	noctis f.	Nacht	E night
multā nocte		spät in der Nacht	F la nuit
noctū	Adv.	nachts	
nocturnus	-a, -um	nächtlich	
hōra	hōrae f.	Stunde, Zeit	E hour
hōrā sextā		mittags	F l'heure
vigilia	vigiliae f.	(Zeitraum einer) Nachtwache	
dē tertiā vigiliā		in der dritten Nachtwache (= nach Mitternacht)	

herī		gestern	F hier
hodiē		heute	
crās		morgen	
annus	annī m.	Jahr	F l'an, l'année
mēnsis	mēnsis m.	Monat	
vēr	vēris n.	Frühling	
aestās	aestātis f.	Sommer	F l'été
autumnus	autumnī m.	Herbst	E autumn
autumnō exeunte		im Spätherbst	F l'automne
hiems	hiemis f.	Winter; Kälte	

Nachtzeiten

18.00 Uhr	21.00 Uhr	0.00 Uhr	3.00 Uhr	6.00 Uhr
vesperī	noctū	multā nocte	dē tertiā vigiliā	ante lūcem

72 Stufen und Aspekte der Zeit

praesēns	praesentis	anwesend; gegenwärtig, im Augenblick	D Präsens E present F le présent
futūrus	-a, -um	künftig	D Futur E future F le futur
(tempus) praeteritum		Vergangenheit	

novus	-a, -um	neu	E new
Vende tuam illam antīquam domum et aedificā novam!		Verkaufe dein altes Haus und baue dir ein neues!	F nouvel

> ! Als *homō novus* wurde in der römischen Republik ein Vertreter des Ritterstandes bezeichnet, der als Erster seiner Familie ein höheres Amt wie das Konsulat bekleidete. Cicero ist das bekannteste Beispiel dafür; er war stets besonders stolz darauf, ein *homō novus* zu sein.

antīquus	-a, -um	alt; altertümlich	D antik
recēns	recentis	neu, frisch	E recent
Cūr aut vetera aut aliēna prōferam potius quam nostra et recentia?		Warum sollte ich alte oder fremde Beispiele lieber heranziehen als eigene aus jüngster Zeit?	F récent
vetus	veteris	alt	D Veteran

ōlim		einst, dereinst
quondam		einst, zu bestimmten Zeiten
aliquandō		irgendwann; endlich
Ēgredere aliquandō ex urbe!		Verschwinde endlich aus Rom!
tum (tunc)		da, zu diesem Zeitpunkt
tum (tunc) …, cum …		damals, als …
nūper		neulich
modo		eben gerade, nur
modo … modo …		bald (dies), bald (das)
Modo āit, modo negat.		Bald sagt er ja, bald sagt er nein.
nunc		jetzt, nun
iam		jetzt, schon, gleich

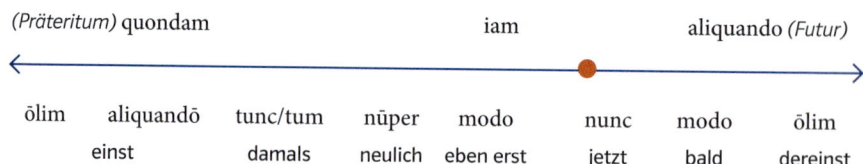

(Präteritum) quondam				iam			aliquando (Futur)	
ōlim	aliquandō	tunc/tum	nūper	modo		nunc	modo	ōlim
einst		damals	neulich	eben erst		jetzt	bald	dereinst

perpetuus	-a, -um	ununterbrochen	
amīcitia perpetua		beständige Freundschaft	
continuus	-a, -um	ununterbrochen, zusammenhängend	E to continue F continuer
quīnque diēbus continuīs		an fünf Tagen hintereinander	
assiduus	-a, -um	beharrlich, unablässig	
assiduō labōre		mit unablässiger Mühe	
aeternus	-a, -um	ewig	E eternal F éternel
aeternam glōriam cōnsequī		ewigen Ruhm erlangen	
ūsque	Adv.	ohne Unterbrechung	
ūsque ad hunc dīem		bis zu diesem Tag	
prōtenus und **prōtinus**	Adv.	sofort	
repēns und **repentīnus**	repentis -a, -um	plötzlich, unerwartet	
repente	Adv.	plötzlich, unerwartet	
subitus	-a, -um	plötzlich	D subito (sofort)
subitō	Adv.	plötzlich	
statim		sofort, auf der Stelle	

Gegensätze ziehen sich an!

novus	neu		**antīquus**	alt; altertümlich
recēns	neu, frisch	⟷	**vetus**	alt

73 Zeitbestimmungen

Quandō?	Wann?	F quand
prīmō	anfangs, zuerst	
deinde, dein	darauf, ferner	
tum	dann, darauf	

dēnique		zuletzt, endlich	
Hominēs inter sē prīmō sēdibus, deinde coniugiīs, dēnique lēgibus iūnxērunt.		Die Menschen haben zuerst miteinander gesiedelt, dann untereinander geheiratet, schließlich eine Rechtsgemeinschaft gebildet.	
postrēmō		zuletzt, schließlich	
dēmum		endlich	
tandem		endlich	
prīmum		zum ersten Mal, zuerst	
iterum		wiederum, zum zweiten Mal	
cōnsul iterum		zum zweiten Mal Konsul	
dēnuō		von Neuem, wieder, nochmals	F de nouveau
rūrsus		wieder, wiederum	
Rūrsus eōdem revertāmur!		Wir wollen wieder dorthin zurückkehren!	
adhūc		bis jetzt, noch	**Falsche Freunde!** D ad hoc (aus dem Augenblick heraus)
Id adhūc nōn audīvī.		Davon habe ich bis heute nicht gehört.	
nōndum		noch nicht	
nōn iam		nicht mehr	
intereā		unterdessen, inzwischen	
Sed fugit intereā tempus.		Doch inzwischen vergeht die (kostbare) Zeit.	
interim		inzwischen	D Interim- (z. B. Interimslösung = Provisorium)
sērus	-a, -um	spät	
sērō	*Adv.*	spät, zu spät	
Sērō est tunc vīvere incipere, cum fīnis vītae īnstat.		Es ist zu spät, mit dem Leben erst dann anzufangen, wenn das Ende bevorsteht.	

diū		lange	
diūtius		länger	
diūtissimē		am längsten	
Nōn quam diū, sed quam bene vīxeris, refert.		Nicht wie lange, sondern wie gut man gelebt hat, ist entscheidend.	
brevī (tempore)		bald (darauf)	F bref (kurzum)

74 Zeitverhältnisse

ante	(+ Akk.)	vor	
ante Chrīstum nātum		vor Christi Geburt	
ante	Adv.	vorher	
anteā	Adv.	vorher, früher	
antequam oder ante … quam		ehe, bevor	
prior	prius priōris Gen.	früherer, wichtigerer	
prius	Adv.	früher, eher	
prīstinus	-a, -um	früher, vormalig	
prīmus	-a, -um	erster, vorderster, wichtigster	D Primus F (le) premier
imprīmīs	Adv.	besonders, vor allem	
priusquam oder prius … quam		ehe, bevor	
Caesar pervēnit prius, quam Pompēius sentīre posset.		Caesar kam (früher) an, bevor (als) es Pompejus bemerken konnte.	

> Als ā priōrī werden in der Erkenntnisphilosophie Urteile bezeichnet, die bereits „von vornherein", ohne Erfahrungswerte festliegen. Im Gegensatz dazu wird der Begriff ā posteriōrī für Urteile verwendet, die auf der Basis von Erfahrungen gefällt werden.

ut (prīmum), ubī (prīmum) und cum (prīmum)	(meist mit Ind. Perf.)	sobald (als)	
Hoc ubī dīxērunt, discessērunt.		Sobald sie dies gesagt hatten, gingen sie auseinander.	

simul	Adv.	gleichzeitig, zugleich	D simultan
Simul ex omnibus partibus castra adortī sunt.		Von allen Seiten zugleich griffen sie das Lager an.	
simul(ac) und simulatque		sobald (als)	

post	(+ Akk.)	nach	
post	Adv.	nachher	
multīs annīs post		viele Jahre später	
posteā		danach, später	
postquam oder post ... quam		nachdem	
posterus	-a, -um	nachfolgend	
posterī	posterōrum m.	Nachkommen, Nachwelt	
posterior	posterius, posteriōris Gen.	späterer, geringerer	
aetāte posterior		jünger	
postrēmus	-a, -um	letzter, geringster	

cum	(+ Ind.)	(zu der Zeit) als, (dann) wenn; jedes Mal wenn; als plötzlich	
Cum Caesar in Galliam vēnit, duae ibi factiōnēs erant.		Als Caesar nach Gallien kam, gab es dort zwei Parteien.	
Pars turris concidēbat, cum hostēs perterritī sē forās prōripiunt.		Ein Teil des Turms stürzte gerade ein, als (auch schon) die Feinde voller Schrecken ins Freie stürmten.	
cum	(+ Konj.)	als; nachdem	
Caesarī cum id nūntiātum esset, mātūrat ab urbe proficīscī.		Als/Nachdem Caesar dies gemeldet wurde/gemeldet worden war, brach er schleunigst aus Rom auf.	

dōnec	(+ Ind.)	solange (bis)	
dum	(+ Ind. Präs.)	während	

dum	*(+ Ind. aller Tempora)*	solange (bis)
Dum spīrō, spērō.		Solange ich atme, hoffe ich.
Ōderint, dum metuant!		Mögen sie mich hassen, solange sie mich nur fürchten!
dum (modo)	*(+ Konj.)*	bis; solange nur

Gegensätze ziehen sich an!

ante	vor; vorher		post	nach; nachher
anteā	vorher, früher		posteā	danach, später
prior	früherer; wichtigerer	←→	posterior	späterer; geringerer
prīmus	vordester; wichtigster		postrēmus	letzter; geringster

Mengen, Zahlen, Maße

75 Mengenbegriffe

quantus	-a, -um	wie groß, so groß wie; wie viel, so viel wie	
quantā potuī celeritāte		so schnell, wie ich nur konnte	
tantus	-a, -um	so groß, so viel	F tant
māgnitūdō	māgnitūdinis *f.*	Größe	
māgnitūdō reī pūblicae		die Bedeutung des Staates	
māgnus	-a, -um	groß	
māior	māius, *Gen.* māiōris	größer	
māximus	-a, -um	größter, am größten	
parvus	-a, -um	klein	**Falsche Freunde!** F pauvre (arm)
minor	minus, *Gen.* minōris	kleiner, geringer	
minimus	-a, -um	kleinster, geringster, am kleinsten, am geringsten	
parvō labōre māgnās contrōversiās tollere		mit geringem Einsatz große Streitigkeiten beilegen	
quot		wie viele	
tot		so viele	**Falsche Freunde!** F tôt (früh)
quot capita, tot sententiae		wie viele Köpfe, so viele (verschiedene) Meinungen	
multitūdō	multitūdinis *f.*	Menge	E multitude F la multitude
nūllus	-a, -um *Gen.* nūllīus *Dat.* nūllī	kein(er)	D null F nul
Diēs nūllus fuit, quīn mē vīseret.		Kein Tag verging, ohne dass er mich besuchte.	
nēmō	*Gen.* nūllīus *Dat.* nēminī	niemand	
nihil *oder* **nīl**		nichts	

ūnus	-a, -um *Gen.* ūnīus *Dat.* ūnī	ein(er), ein einziger	F un
Catilina erat ūnus timendus ex istīs omnibus.		Catilina war von diesen allen der einzige, den man fürchten musste.	
singulī	-ae, -a	einzelne; je ein	
nōnnūllī	-ae, -a	einige, manche	
paucī	-ae, -a	(nur) wenige	F peu
aliquot		einige	
complūrēs	complūra *Gen.* complūrium	mehrere	
multī	-ae, -a	viele	D E F multi-
plūrēs *(Komp.)*	plūra *Gen.* plūrium	mehr	
plūrimī *(Superl.)*	-ae, -a	die meisten	
Multa illum, quaedam eum, nōnnūlla etiam tē ipsum fefellērunt.		Vieles blieb jenem verborgen, einiges hat dieser nicht bemerkt, und ein paar Dinge sind sogar dir selbst entgangen.	
plērīque	plēraeque, plēraque	die meisten	
cēterī	-ae, -a	die übrigen	D E F etc. (= et cetera)
cēterum	*Adv.*	im Übrigen, übrigens	

! *Cēterum cēnseō Carthāginem esse dēlendam.* (Im Übrigen bin ich der Ansicht, dass Karthago zerstört werden muss.). Mit diesem Satz soll Cato der Ältere jeweils seine Reden vor dem Senat beendet haben. Im Jahr 149 v. Chr. kam es tatsächlich zum Dritten Punischen Krieg, der mit der Zerstörung Karthagos 146 v. Chr. endete.

superesse	supersum, superfuī	übrig sein, überlegen sein	
quod superest		im Übrigen, übrigens	
cum nōn multum aestātis superesset		als der Sommer fast zu Ende war	
cūnctī	-ae, -a	alle zusammen	
Cūnctī ex omnī Italiā vēnērunt.		Sie sind alle zusammen aus ganz Italien gekommen.	

omnis	omne *Gen.* omnis	jeder, ganz	
omnēs *(Pl.)*	omnia *Gen.* omnium	alle (alles)	

quotiēns	*Adv.*	wie oft, so oft wie	
totiēns	*Adv.*	so oft	
Quotiēns dīcimus, totiēns dē nōbīs iūdicātur.		So oft wie ich eine Rede halte, wird über mich geurteilt.	
frequēns	*Gen.* frequentis	zahlreich, häufig	**D** frequent
senātus frequēns		der beschlussfähige Senat	**E** frequent **F** fréquent
crēber	-bra, -brum	zahlreich, häufig	
Crēbrī nūntiī afferuntur.		Immer wieder treffen Nachrichten ein.	
multus	-a, -um	viel, zahlreich	**E** much
multō lābōre		mit viel Mühe	
ad multum diem dormīre		bis weit in den Tag hinein schlafen	

rārus	-a, -um	selten, vereinzelt	**D** rar
Ex silvīs rārī prōpūgnābant.		Sie leisteten einzeln aus dem Wald heraus Gegenwehr.	**E F** rare
rārō	*Adv.*	selten, hin und wieder	
numquam		niemals	
umquam		jemals, irgendeinmal	
interdum		bisweilen	
saepe		oft	
saepius		öfter	
saepissimē		sehr oft	
plērumque		meistens, sehr oft	
semper		immer	

76 Zahlen

numerus	numerī *m.*	Zahl; Reihe; Rang	E number F un numéro
ūnus	-a, -um *Gen.* ūnīus *Dat.* ūnī	einer, eine, ein	I	F un, une
duo	duae, duo	zwei	II	D Duo F deux
trēs	tria *Gen.* trium	drei	III	F trois
quattuor		vier	III / (IV)	F quatre
quīnque		fünf	V	F cinq
sex		sechs	VI	E F six
septem		sieben	VII	F sept
octō		acht	VIII	
novem		neun	IX	E nine F neuf
decem		zehn	X	F dix
vīgintī		zwanzig	XX	F vingt
centum		hundert	C	F cent
mīlle		tausend	M	F mille
mīlia *Pl.*	*Gen.* mīlium	Tausende		

! *quattuor* bis *centum* und *mīlle* (im Singular) sind undeklinierbar.

• Die Grundzahlen von 11 bis 17 werden durch Zusammensetzung gebildet:
11 = ūn-decim, 13 = trē-decim …; 18 und 19 durch Subtraktion: 18 = duo-dē-vīgintī, 19 ūn-dē-vīgintī.

Zehner, Hunderter und Tausender

30	trī-gintā
300	tre-centī (-ae, -a)
3000	tria mīlia (*Gen.* trium mīlium)
50	quīnquā-gintā
500	quīn-gentī (-ae, -a)
5000	quīnque mīlia (*Gen.* quīnque mīlium)
30.	trī-cēsimus (-a, -um)
300.	tre-centēsimus (-a, -um)
3000.	ter mīllēsimus (-a, -um)
50.	quīnquā-gēsimus (-a, -um)
500.	quīn-gentēsimus (-a, -um)
5000.	quīnquiēs mīllēsimus (-a, -um)

Die Ordnungszahlen von 1–10 lauten

prīmus (-a, -um)	der/die/das erste
secundus (-a, -um)	der/die/das zweite
tertius (-a, -um)	der/die/das dritte
quartus (-a, -um)	der/die/das vierte
quīntus (-a, -um)	der/die/das fünfte
sextus (-a, -um)	der/die/das sechste
septimus (-a, -um)	der/die/das siebente
octāvus (-a, -um)	der/die/das achte
nōnus (-a, -um)	der/die/das neunte
decimus (-a, -um)	der/die/das zehnte

77 Maß und Anteil

modus	modī *n.*	Maß, Art, Weise	F le mode (Methode, Modus)
modum adhibēre		Maß halten, sich einschränken	**Falsche Freunde!** F la mode (Mode)
eōdem modō		in derselben Weise	
modicus	-a, -um	maßvoll; bescheiden	
mūrus modicus		eine niedrige Mauer	
immēnsus	-a, -um	unermesslich, unendlich	D immens F immense
mētīrī	mētior, mēnsus sum	messen, beurteilen	**Falsche Freunde!** F mentir (lügen)
mīlitibus frūmentum mētīrī		den Soldaten Getreide zuteilen	
gradus	gradūs *m.*	Schritt, Stufe, Rang	D Grad E grade
ad altiōrem gradum dīgnitātis pervenīre		in ein ranghöheres Amt aufsteigen	
grandis	grande *Gen.* grandis	groß; alt; bedeutend	D grandios F grand
Interdum grandem ōrātiōnem prō longā dīcimus.		Manchmal reden wir von einer „bedeutenden Rede" statt von einer langen.	
exiguus	-a, -um	klein, gering; unbedeutend	
pondus	ponderis *n.*	Gewicht	D Pfund E pound F le poids (Gewicht)
Litterae tuae maximī apud mē sunt ponderis.		Dein Brief ist mir sehr wichtig = bedeutet mir sehr viel.	
onus	oneris *n.*	Last	
onerāre	onerō, onerāvī, onerātum	beladen, belasten	
mōlēs	mōlis *f.*	Masse; Anstrengung	
gravis	grave *Gen.* gravis	schwer	F grave
gravissimum crīmen		ein sehr schwerer Vorwurf	
levis	leve *Gen.* levis	leicht; leichtsinnig	
Pecūnia eī levissima erat.		Geld spielt für ihn keine Rolle.	

levāre	levō, levāvī, levātum	erleichtern; heben	F lever
dolōrem cōnsōlandō levāre		den Schmerz durch Trost lindern	

pars	partis f.	Teil; Seite	E part, F une part
partim ... partim ...	Adv.	teils ... teils ...	
ad hominum mīlle partim equitum partim peditum		an die tausend Männer, teils Reiter, teils Fußsoldaten	
ambō	ambae, ambō	beide	
sēmi-		halb-	D E semi-
timōre sēmianimus		vor Angst halbtot	F sémi-
tōtus	-a, -um Gen. tōtīus; Dat. tōtī	ganz	D E F total
ūniversus	-a, -um	gesamt, allgemein	D Universum, E universe F l'univers
sōlus	-a, -um Gen. sōlīus Dat. sōlī	allein	D Solo F seul **Falsche Freunde!** E soul (Seele) F le sol (Boden)
Scīre sē sōlōs omnia dīcunt.		Sie behaupten, sie allein wüssten alles.	

tribuere	tribuō, tribuī, tribūtum	zuteilen, zuweisen	E to contibute F contribuer
attribuere	attribuō, attribuī, attribūtum	zuteilen, zuweisen	F attribuer
ūnī culpam attribuere		einem einzigen die Schuld zuweisen	
distribuere	distribuō, distribuī, distribūtum	verteilen, einteilen	E to distribute F distribuer
Caesar legiōnibus opera distribuit.		Caesar teilte den (einzelnen) Legionen ihre Aufgaben zu.	
dīvidere	dīvidō, dīvīsī, dīvīsum	trennen, teilen	D dividieren E to devide F diviser
pecūniam inter sē dīvidere		das Geld unter sich teilen	

Gegensätze und sonstige Beziehungen!

modicus	maßvoll; bescheiden		immēnsus	unermesslich; unendlich
grandis	groß; alt; bedeutend		exiguus	klein; gering; unbedeutend
gravis	schwer	⟷	levis	leicht; leichtsinnig
sēmi-	halb-		tōtus	ganz
ūniversus	gesamt; allgemein		sōlus	allein

78 Abstufung und Einschätzung

māgnopere		nachdrücklich; sehr	
nōn māgnopere labōrāre		sich nicht sonderlich anstrengen	
magis	*Adv.*	mehr; eher, lieber	
magis valēre		mehr Geltung haben	
maximē	*Adv.*	überaus, am meisten	**Falsche Freunde!**
maximē idōneus		am besten geeignet	D Maxime
nimis *und* **nimium**	*Adv.*	sehr; zu sehr	
Atrōcius/Nimis atrōciter sociīs imperābant.		Sie herrschten hart/ allzu hart über die Bundesgenossen.	
nimius	-a, -um	sehr groß, zu groß	
nimia spēs		zu große Hoffnung	
multum	*Adv.*	viel, sehr; oft	E much
multum posse		großes Ansehen haben	
plūs	*Adv.*	mehr	D plus
plūris esse		mehr wert sein	F plus
plūrimum	*Adv.*	am meisten, sehr viel	
paulum	*Adv.*	ein wenig	
parum	*Adv.*	(zu) wenig	
Sunt ea quidem parum firma.		Das ist allerdings wenig zuverlässig.	
paulātim	*Adv.*	allmählich	
minus	*Adv.*	weniger	D minus E minus F moins
minimē	*Adv.*	am wenigsten, ganz und gar nicht	
quantō		um wie viel	
quantō … tantō		je … desto	
Quantō diūtius cōnsīderō, tantō mihi rēs vidētur obscūrior.		Je länger ich mich damit beschäftige, desto obskurer erscheint mir die Angelegenheit.	

paulō	ein wenig	
paulō ante	kurz zuvor	
paulō post	ein wenig später	
multō	(um) vieles, viel	
multō magis	viel mehr	

vix	kaum	
tantum *Adv.*	nur	**Falsche Freunde!**
Eum tantum vīdī neque loquī potuī.	Ich habe ihn nur gesehen, konnte aber nicht mit ihm sprechen.	F tant (so sehr)
admodum	ziemlich, sehr, durchaus	
Id fuit nōbīs admodum grātum.	Das kam uns durchaus gelegen.	
valdē	sehr	
valdē timēre	sich sehr fürchten	
satis	genug	
Haec satis iam explicāta sunt.	Das ist nun ausführlich genug erörtert worden.	
satis superque	genug und übergenug	
omnīnō	ganz und gar; überhaupt nur	
Erant omnīnō itinera duo.	Es gab überhaupt nur zwei Wege.	

Gegensätze ziehen sich an!

nimis/nimium	zu sehr		**parum**	(zu) wenig
plūrimum	am meisten	⟷	**paulum**	ein wenig
paulō	(um) ein wenig		**multō**	(um) vieles, viel
plūs	mehr		**minus**	weniger

195

Elemente der Wortbildung

1 Vorsilben (Präfixe)

1.1 Präfixe von Verben

Präfix	Beispiel	Übersetzung
ā- ab-	ā/mittere ab/esse ab/īre	loslassen, verlieren fort sein, abwesend sein weggehen
abs-	abs/tinēre	abhalten, sich enthalten
ac-	ac/cēdere ac/cendere	herangehen anzünden
ad-	ad/īre ad/icere	hingehen hinzufügen
ante-	ante/cēdere ante/pōnere	vorangehen vorziehen
circum-	circum/dare circum/venīre	umgeben umzingeln
com-, con-/cōn-, co-	com/mendāre con/iungere cōn/sequī co/hibēre	anvertrauen miteinander verbinden einholen, erreichen zusammenhalten
dē-	dē/sistere dē/cēdere dē/scendere	abstehen, ablassen weggehen herabsteigen
dis-, dī-	dis/cēdere dī/mittere di/spergere di/stinguere	auseinander gehen wegschicken zerstreuen unterscheiden
ex-, ef-, ē-	ex/pedīre ef/fundere ē/dūcere ē/vertere	losmachen ausgießen, vergeuden herausführen umstürzen
in-	in/vādere in/gredī in/citāre īn/stituere īn/sequī	eindringen hineingehen antreiben einrichten unmittelbar folgen

inter-	inter/cēdere	dazwischentreten, vermitteln
	inter/mittere	unterbrechen
	inter/īre	untergehen
ne-, neg-	neg/legere	nicht achten, vernachlässigen
	ne/scīre	nicht wissen
	ne/quīre	nicht können
ob-, oc-, op-	oc/currere	entgegeneilen
	op/pōnere	gegenüberstellen
	op/primere	unterdrücken
	op/pūgnāre	bestürmen
per-	per/agere	durchführen, vollenden
	per/venīre	hingelangen
	per/cutere	durchbohren, töten
prae-	prae/ferre	vorziehen
	prae/ficere	voranstellen, an die Spitze stellen
praeter-	praeter/īre	vorbeigehen, übergehen
	praeter/mittere	vorbeilassen, unterlassen
prō-, prō(d)-	prō/cēdere	hervorgehen, vorgehen
	prō/icere	vorwerfen, wegwerfen
	prōd/esse	nützen
re-, re(d)-	red/īre	zurückkehren
	red/dere	wiederbringen
		machen zu
	re/sistere	widerstehen
	re/quīrere	nachforschen
sub-	sub/īre	daruntergehen, nahe herangehen
	sub/sequī	unmittelbar nachfolgen
	sub/icere	unterwerfen
	sub/venīre	zu Hilfe kommen
	suc/cēdere	heranrücken, an die Stelle treten, gelingen
super-	super/esse	übrig sein, im Überfluss vorhanden sein
trā-, trāns-	trā/dūcere	hinüberführen
	trā/dere	übergeben, überliefern

1.2 Präfixe von Substantiven und Adjektiven

con- per- prae-	cōn/scius (a, um) per/māgnus (a, um) prae/clārus (a, um)	wissend, bewusst sehr groß hoch berühmt, ganz deutlich
dis-, in-, ne-, ne(g)-	dif/ficilis (e), is	nicht leicht, schwierig
	im/mortālis (e), is	unsterblich
	neg/ōtium	Beschäftigung
	ne/fās	Unrecht, Frevel, Sünde

2 Wortableitung durch Suffixe

2.1 Suffixe von Verben

Suffix	Beispiel	Übersetzung
-sc-ere	īrāscī adolēscere	in Zorn geraten, zürnen (zu *īra*) heranwachsen
-(i)tā-re **-sā-re**	agitāre versārī	heftig betreiben, erwägen (zu *agere*) sich befinden, sich aufhalten (zu *vertere*)

2.2 Suffixe von Adjektiven

-āx, -ācis	audāx, ācis	wagemutig (zu *audēre*)
-ilis, -bilis, -ris (e)	mōbilis (e), is ūtilis (e), is familiāris (e), is	beweglich (zu *movēre*) nützlich, brauchbar (zu *ūtī*) vertraut
-idus (a, um)	validus (a, um) cupidus (a, um)	gesund, stark (zu *valēre*) begehrlich (zu *cupere*)
-tus (a, um), **-ōsus (a, um)**	onustus (a, um) iūstus (a, um) cōpiōsus (a, um)	beladen, schwer (zu *onus*) gerecht (zu *iūs*) reichlich (zu *cōpia*)
-ter (tra, trum)	dexter ↔ sinister noster ↔ vester	rechts ↔ links unser ↔ euer
-trīx, -trīcis *f*	victrīx, trīcis	siegreich (zu *vincere*)

2.3 Suffixe von Substantiven

-ia, -iae *f* **-itia, -iae**	memoria temperantia iūstitia	Gedächtnis, Erinnerung (zu *memor, memoris*) Mäßigung (zu *temperāre*) Gerechtigkeit (zu *iūstus*)
-men, -minis *n*	agmen discrīmen	Marsch, Heereszug, (von *agere*) Unterschied, Entscheidung (von *discernere*)
-mentum, -ī *n*	monumentum impedīmentum	Mahnmal (von *monēre* erinnern, ermahnen) Hindernis (von *impedīre* hindern)
-or, -ōris *m*	clāmor amor terror	Geschrei (von *clāmāre*) Liebe (von *amāre*) Schrecken (von *terrēre*)

-tās, -tātis f	gravitās	Schwere, Bedeutung (zu *gravis*)
	facultās	Möglichkeit, Fähigkeit (zu *facilis*)
-tūdō, -dinis f	māgnitūdō	Größe (zu *māgnus*)
	valētūdō	Gesundheitszustand (zu *valēre*)
	cōnsuētūdō	Gewohnheit (zu *cōnsuēscere*)
-tūs, -tūtis f	virtūs	Tüchtigkeit (zu *vir*)
	servītūs	Knechtschaft (zu *servus*)
	iuventūs	Jugend(lichkeit) (zu *iuvenis*)
-tor (-sor), -ōris m	scrīptor	Schriftsteller (von *scrībere*)
	victor	Sieger (von *vincere*)
	dēfēnsor	Verteidiger (von *dēfendere*)
-trīx, -trīcis f	victrīx	Siegerin (von *vincere*)
-tiō, -ōnis f	factiō	(gemeinsames) Handeln, Partei (zu *facere*)
	nātiō	Volksstamm, Herkunft (zu *nāscī*)
-siō, -ōnis f	dēfēnsiō	Verteidigung (zu *dēfendere*)
-tus, -ūs m	coventus	Versammlung, Gerichtstag (von *convenīre*)
-sus, -ūs m	ūsus	Gebrauch, Nutzen, Übung (von *ūtī*)
	cursus	Lauf (von *currere*)
-ulus (a, um)	castellum	Schanze, Kastell (zu *castra*)
-ellus (a, um)	puella	Mädchen (zu *puer*)
(auch Adj.)	libellus	Büchlein (zu *liber*)
	parvulus	winzig (zu *parvus*)
-ulum, -ī n	vinculum	Fessel (von *vincīre*)
-culum, -ī n	ōrāculum	Götterspruch (von *ōrāre*)
-bulum, -ī n	vocābulum	Wort (von *vocāre*)
-bula, -ae f	perīculum	Gefahr (von *experīrī*)
	fābula	Erzählung (von *fārī*)

Index

A

ā, ab   175
abdere   94
abdicāre   52
abdūcere   79
abesse   179
abīre   176
abīre   179
absēns   176
absolvere   158
absolvere   159
abstinēre   84
abstrahere   126
abundāre   112
abūtī   87
ac   28
accēdere   175
accendere   108
accidere   86
accipere   18
accūsāre   157
ācer   162
acerbus   23
acerbus   24
aciēs   162
āctiō   157
acūtus   162
ad   175
adaequāre   31
addere   27
addūcere   78
adeō ...   37
adesse   72
adesse   175
adesse   179
adhibēre   59
adhūc   184
adiacēre   101
adicere   27
adimere   70
adimere   71
adipīscī   64
adīre   175
adīre   179
aditus   175
adiungere   27

adiuvāre   72
administrāre   149
admīrārī   41
admittere   88
admittere   91
admodum   195
admonēre   75
admovēre   97
admovēre   97
adolēscere   99
adorīrī   62
adorīrī   92
adulēscēns   99
adulēscentia   99
advenīre   96
adventus   96
adversus   169
advocāre   48
aedēs   138
aedificāre   66
aedificium   66
aedīlis   149
aedis   138
aeger   105
aeger   105
aegrē ferre   23
aegrē ferre   24
aequālis   32
aequitās   156
aequor   112
aequus   32
aequus   33
aequus   156
aequus   159
āēr   111
aes   114
aes   129
aes aliēnum   130
aestās   181
aestimāre   37
aestus   111
aestus   111
aestus   112
aestus   113
aetās   180
aeternus   183

afferre   71
afferre   71
afficere   20
affirmāre   51
ager   113
ager   124
agere   57
aggredī   97
agitāre   58
agmen   162
alere   13
alibī   173
aliēnus   145
aliēnus   146
aliqua(e)   55
aliquandō   182
aliquī   55
aliquid   54
aliquis   54
aliquod   55
aliquot   189
aliter   32
aliter   33
alius   32
alius   33
alius ... alius   32
alter   43
altitūdō   169
altus   169
amāre   22
amāre   24
ambitiō   122
ambō   193
ambulāre   119
amīca   22
amīca   153
amīcitia   22
amīcitia   153
amīcus   22
amīcus   22
amīcus   24
amīcus   153
āmittere   65
amnis   108
amor   22
amor   24

amplectī   22
amplus   169
an   44
anceps   83
ancora   113
angustus   168
angustus   170
anima   13
animadvertere   16
animadvertere   155
animal   106
animus   8
annālēs (librī)   134
annus   181
ante   185
ante   187
ante … quam   185
anteā   185
anteā   187
antepōnere   31
antequam   185
antīquus   182
antīquus   183
anus   100
anxius   26
aperīre   93
apertus   93
appārēre   94
appellāre   50
appetere   47
appetere   47
appropinquāre   169
aptus   39
apud   175
aqua   14
aqua   107
āra   137
arbitrārī   37
arbor   106
arcēre   74
arcessere   80
arcessere   81
ārdēre   108
arduus   114
arduus   114
argentum   114
arguere   34
arguere   157
argūmentum   34
arma   161
armāre   161
armātus   161
armātus   161

arripere   158
arrogantia   122
ars   132
artificium   132
artus   12
arx   124
ascendere   114
ascendere   114
asper   114
aspernārī   73
aspicere   16
assentīrī   89
assentīrī   91
assequī   64
assiduus   183
assīgnāre   142
at   30
āter   109
atque   28
atquī   30
atrōx   166
attendere   79
attingere   102
attribuere   193
auctor   133
auctōritās   143
audācia   60
audāx   60
audēre   60
audīre   17
auferre   71
auffere   71
augēre   71
augēre   71
aura   111
aureus   114
aurīga   127
auris   11
aurum   114
auspicium   138
aut   30
aut … aut …   30
… autem   30
autumnus   181
auxilium   162
avāritia   122
avāritia   123
avārus   122
āvertere   73
avis   106
avus   118

B
barbarus   152
beātus   131
beātus   131
bellāre   162
bellum   162
bene   38
bene   41
beneficium   69
benevolentia   45
bēstia   106
bibere   14
blandīrī   122
blandus   122
bona   129
bonum   38
bonum   41
bonus   38
bonus   41
bōs   106
brevī (tempore)   185
brevis   168
brevis   170

C
cadere   102
caedere   103
caedēs   103
caedēs   157
caelestēs   136
caelestia   110
caelestis   110
caelum   110
calamitās   66
campus   113
candidus   109
canere   135
canis   106
cantāre   135
capere   69
capere   71
capessere   158
captīvus   163
caput   11
caput   123
carēre   131
carēre   131
carīna   113
carmen   134
carpere   107
cārus   40

castellum 161
castra 161
cāsus 102
causa 34
causa 155
cautus 82
cautus 83
cavēre 82
cēdere 93
cēdere 96
cēdere 97
cēlāre 94
celeber 137
celebrāre 137
celer 85
ccler 86
celeritās 85
cella 138
cēna 14
cēnāre 14
cēnsēre 38
cēnsor 150
centum 191
centuria 159
centuriō 159
cernere 16
certāmen 91
certāre 91
certē 19
certō 19
certus 19
certus 19
cessāre 63
cēterī 189
cibus 14
cingere 164
cinis 108
circā 178
circiter 56
circum 178
circumdare 178
circumvenīre 164
citrā 172
citrā 173
cīvīlis 144
cīvis 144
cīvitās 144
clādēs 65
clādēs 163
clam (Adv.) 95
clāmāre 52
clāmor 52
clāmor 52

clārus 40
clārus 41
classis 113
classis 152
claudere 95
clēmentia 121
cliēns 147
cliēns 148
coercēre 74
coetus 89
cōgere 89
cōgitāre 59
cōgnōscere 18
cohibēre 74
cohors 159
cohortārī 75
colere 124
collēga 149
colligere 36
colligere 89
collis 114
collocāre 168
colloquium 48
collum 11
colōnia 125
colōnus 125
color 109
coma 11
comes 90
comitārī 90
comitia 151
commemorāre 50
commendāre 78
commercium 127
committere 58
commodum 128
commodus 39
commovēre 74
commūnis 91
commūtāre 128
comparāre 31
comparāre 64
comperīre 18
complectī 22
complēre 103
complūrēs 189
compōnere 67
comprehendere 18
computāre 128
cōnārī 60
concēdere 35
concidere 100
conciliāre 89

concilium 152
concipere 17
concitāre 74
conclūdere 36
concordia 145
concordia 146
concurrere 89
concursus 89
concutere 103
condere 67
condere 95
condiciō 37
condūcere 90
condūcere 128
condūcere 130
cōnferre 31
cōnferre 90
cōnferre 91
cōnficere 57
cōnfīdere 81
cōnfīdere 83
cōnfirmāre 76
cōnfitērī 49
cōnfitērī 52
cōnflīgere 91
congredī 162
conicere 36
coniū(n)x 117
coniugium 117
coniungere 27
coniūrātiō 145
cōnscientia 9
cōnscius 9
cōnscrībere 146
cōnsēnsiō 89
cōnsēnsus 89
cōnsentīre 89
cōnsequī 36
cōnsequī 64
cōnservāre 73
cōnsīderāre 16
cōnsīdere 100
cōnsilium 60
cōnsistere 101
cōnsōlārī 76
cōnspectus 16
cōnspicere 16
cōnstāns 120
cōnstāns 123
cōnstantia 120
cōnstāre 101
cōnstāre 128
cōnstituere 61

cōnsuēscere 87
cōnsuētūdō 87
cōnsul 150
cōnsulāris 150
cōnsulātus 150
cōnsulere 60
cōnsulere 81
cōnsūmere 69
contemnere 22
contemnere 24
contemplārī 17
contendere 51
contendere 85
contendere 91
contentiō 91
contentus 65
continēns 113
continentia 121
continentia 123
continēre 112
contingere 65
continuus 183
cōntiō 152
contrā 170
contrārius 170
contrōversia 91
cōnūbium 117
convenīre 88
convenit 86
conventus 89
convertere 166
convincere 157
convīvium 119
cōpia 129
cōpia 130
cōpiae 159
cōpiōsus 129
cor 12
cornu 162
corōna (griech.) 160
corpus 10
corrigere 80
corripere 167
corrumpere 72
cottīdiānus 180
cottīdiē 180
crās 181
creāre 58
creāre 151
crēber 190
crēdere 81
crepāre 103
crēscere 99

crīmen 156
crīnis 11
crūdēlis 166
cruor 10
crux 158
cubāre 14
culpa 157
cultūra 125
cultus 124
cum 34
cum 35
cum 91
cum 186
cum 186
cum (Präp. + Abl.) 91
cum (prīmum) 185
cum ... tum ... 28
cūnctārī 61
cūnctī 189
cupere 46
cupiditās 46
cupīdō 46
cupidus 46
cūr? 34
cūra 83
cūrāre 82
cūria 151
currere 85
currus 127
cursus 85
cursus honōrum 149
cuspis 161
cūstōdia 158
custōdīre 158
cūstōs 158

D

damnāre 158
damnāre 159
damnum 65
damnum 66
dare 68
dare 71
dē 176
dea 136
dēbēre 88
dēcēdere 176
dēcernere 61
dēcernere 61
decet 87
dēcipere 72

dēclārāre 50
dēcrētum 151
decus 87
dēdere 165
dēdicāre 137
dēditī 165
dēdūcere 97
dēdūcere 97
dēesse 72
dēesse 176
dēesse 179
dēfendere 92
dēfendere 157
dēferre 50
dēficere 99
dēficere 154
dēfinīre 142
dēicere 101
dein 183
deinde 183
dēlectāre 20
dēlēctus 160
dēlēre 166
dēligere 46
dēmere 27
dēmittere 80
dēmōnstrāre 34
dēmum 184
dēnique 184
dēns 11
dēnuō 184
dēpellere 92
dēpōnere 63
dēprehendere 69
dēscendere 114
dēscendere 114
dēserere 72
dēsīderāre 45
dēsidia 123
dēsidia 123
dēsīgnāre 151
dēsilīre 85
dēsinere 63
dēsistere 63
dēspērāre 25
dēspērāre 26
dētrīmentum 65
deus 136
dexter 170
dexter 170
dīcere 49
diciō 140
dictātor 150

dictum   49
diēs   180
differe   63
differre   29
differre   63
difficilis   57
difficilis   59
difficultās   57
difficultās   59
digitus   12
dīgnitās   143
dīgnus   39
dīgnus   41
dīlēctus   160
dīligēns   22
dīligentia   22
dīligere   22
dīligere   24
dīmicāre   91
dīmittere   81
dīrigere   80
dīripere   167
discēdere   96
discere   18
discere   135
discernere   29
disciplīna   135
discipulus   135
discipulus   135
discordia   145
discordia   146
discrīmen   29
discrīmen   83
dispergere   90
dispergere   91
dispōnere   80
disputāre   42
dissentīre   89
dissentīre   91
disserere   51
dissimilis   32
dissimilis   33
dissimulāre   32
distinguere   29
distribuere   193
diū   185
dīversus   29
dīversus   169
dīves   131
dīves   131
dīvidere   193
dīvīnus   136
dīvitiae   131

dīvitiae   131
dīvus   136
docēre   134
docilis, -e   135
doctus   135
dolēre   20
dolor   20
dolus   72
domesticus   115
domina   115
domina   116
dominārī   140
dominātiō   140
dominus   115
dominus   116
domus   115
dōnāre   68
dōnāre   71
dōnec   186
dōnum   68
dormīre   14
dōs   118
dubitāre   60
dubitāre   61
dubius   61
dūcere   38
dūcere   78
dulcis   23
dulcis   24
dum   186
dum   187
dum (modo)   187
duo   191
dūrāre   86
dūrus   114
dūrus   114
dux   79

E
ē, ex   176
ē, ex   179
ea   53
ecce   16
edere   14
ēdere   58
ēdictum   151
ēducāre   135
ēdūcere   97
efferre   58
efficere   57
effugere   165
effundere   107

egēre   130
egēre   131
egestās   130
egestās   131
egō   53
ēgredī   97
ēgredī   96
ēgregius   40
ēicere   151
ēloquentia   48
emere   128
emere   130
ēmittere   81
… enim   34
ēnūntiāre   50
eō   173
eōdem   173
epistula   133
eques   147
equester   147
equidem   53
equitātus   160
equus   106
ergō   36
ērigere   67
ēripere   70
ēripere   71
errāre   65
error   65
ērudīre   135
esse   130
esse   175
et   27
etenim   34
etiam …   27
… etiam   27
etiamsī   35
etsī   35
ēvādere   96
ēvādere   97
ēvenīre   86
ēventus   86
ēvertere   167
ēvocāre   48
ex(s)istere   98
ex(s)tinguere   109
excēdere   96
excipere   84
excitāre   74
exemplum   134
exercēre   59
exercitus   159
exigere   58

exigere 77
exiguus 192
exiguus 193
exilium 158
exire 176
exire 179
exīstimāre 37
exitus 176
exitus 179
expedīre 160
expedītus 160
expellere 151
experīrī 18
expers 131
expers 131
explicāre 50
explōrāre 164
explōrātor 164
expōnere 51
expūgnāre 162
exquīrere 42
exsequī 139
exspectāre 25
exsultāre 21
exter 170
exterior 170
exterior 173
exterus 170
extrā 170
extrā 173
extrēmus 171
exul 158

F

faber 66
fābula 49
fābula 134
facere 57
faciēs 11
facilis 57
facilis 59
facinus 57
facinus 156
factiō 145
factum 57
facultās 57
facultās 59
fallere 72
falsus 19
falsus 19
fāma 49
famēs 14

familia 115
familiāris 115
fānum 138
fārī 49
fās 137
fās 140
fatērī 49
fatīgāre 85
fātum 137
favēre 23
favēre 24
favor 23
favor 24
fēlīx 139
fēmina 117
fēmina 118
fera 106
ferē 56
fermē 56
ferōx 106
ferre 125
ferrum 114
ferrum 161
fertur 134
ferunt 134
feruntur 134
ferus 106
fessus 85
fēstus 138
fidēs 147
fidēs 153
fidūcia 147
fīdus 147
fīdus 148
fierī 86
fīgere 103
figūra 68
filia 118
filia 118
filius 118
filius 118
fingere 68
fingere 132
fīnīre 30
fīnis 30
fīnis 35
fīnis 152
fīnitimus 153
firmus 76
firmus 76
flāgitium 156
flamma 108
flectere 102

flēre 21
flēre 21
flōrēre 107
flōs 106
flūctus 108
fluere 108
flūmen 108
fodere 161
foedus 153
folium 106
fōns 107
forās 172
forīs 172
fōrma 11
formīdō 26
fors (ferre) 139
fortāsse 61
forte 139
fortis 120
fortitūdō 120
fortūna 139
Fortūna 139
fortūnae 139
forum 151
fossa 161
frangere 103
frāter 118
frāter 118
fraus 72
frēnum 127
frequēns 190
fretum 108
frīgidus 111
frīgus 111
frīgus 111
frōns 11
frūctus 107
fruī 107
frūmentum 107
frūstrā 66
fuga 165
fugāre 165
fugere 165
fulgēre 111
fundāmentum 62
fundere 107
fungī 148
fūnus 139
fūr 155
furor 105
futūrus 181

G

gaudēre   20
gaudium   20
gaudium   21
gemere   26
gemitus   26
generāre   98
gēns   117
gēns   152
gentēs exterae   152
genū   12
genus   117
gerere   149
gignere   98
gignere   100
gladius   161
glōria   148
glōriārī   148
(g)nāscī   98
(g)nōscere   18
gradus   192
grandis   192
grandis   193
grātia   143
grātia   143
grātus   143
gravis   192
gravis   193
gravitas   143
graviter ferre   23
graviter ferre   24
grex   125
gurges   108
guttur   11

H

habēre   38
habēre   130
habēre   131
habitāre   14
habitus   14
haec   53
haerēre   101
(h)arēna   114
haud   56
haurīre   107
herba   106
herī   181
hīberna   161
hic   53
hīc   173

hīc   174
hiems   181
hinc   174
hinc   174
historia   134
hoc   53
hodiē   181
homō   10
honestus   148
honor   148
honōs   148
hōra   181
horrēre   26
hortārī   75
hospes   119
hostis   162
hūc   173
hūc   174
hūmānitās   121
hūmānus   121
humilis   146
humilis   148
humus   113

I

iacere   101
iacēre   101
iactāre   101
iam   182
ibī   173
ibī   174
id   53
īdem   32
īdem   33
ideō   36
idōneus   39
igitur   36
īgnārus   9
īgnis   108
īgnōrāre   9
īgnōscere   24
īgnōscere   24
ignōtus   19
īgnōtus   18
illa   53
ille   53
illīc   173
illō   173
illūc   173
illūc   174
illud   53
illūstris   40

imāgō   132
imber   111
imitārī   132
immānis   40
immēnsus   192
immēnsus   193
imminēre   83
immolāre   136
immortālēs   136
immortālis   136
impedīmenta   160
impedīmentum   73
impedīre   73
impellere   78
impendere   129
impendiōsus   128
imperāre   142
imperātor   142
imperītus   19
imperītus   19
imperium   141
impetrāre   64
impetus   46
impius   120
impius   121
impōnere   78
imprīmīs   185
improbus   40
improbus   41
imprōvīsus   82
imprōvīsus   83
īmus   171
in   176
in   176
in   179
in vicem   128
īn|fēlīx   139
inānis   104
incēdere   96
incēdere   97
incendere   109
incendium   109
incertus   19
incertus   19
incidere   86
incipere   62
incitāre   74
incolere   123
incolumis   105
incommodum   65
incrēdibilis   81
inde   174
inde   174

indīcāre   63
indīcere   94
indicium   94
indīgnus   40
indīgnus   41
indocilis, -e   135
indūcere   78
industria   121
industria   123
inermis   161
inermis   161
inermus   161
inermus   161
iners   123
inesse   176
īnfāns   100
īnferī   137
īnferī   140
īnferior   171
īnferior   173
īnferre   76
īnfēstus   162
īnfimus   171
īnfirmus   76
īnfirmus   76
īnfrā   171
īnfrā   173
ingenium   8
ingēns   40
ingredī   62
inicere   76
inimīca   22
inimīcus   22
inimīcus   22
inimīcus   24
inīquus   32
inīquus   33
inīquus   156
inīquus   159
inīre   62
inīre   176
inīre   179
initium   62
initium   176
initium   179
iniūria   156
innocēns   121
inopia   129
inopia   130
inopīnātus   82
inopīnātus   83
inquīrere   42
īnsanūs   105

īnsānus   105
īnscius   9
īnscrībere   133
īnsequī   63
īnsidiae   164
īnsīgnis   40
insilīre   92
īnstāre   83
īnstituere   61
īnstitūtum   61
īnstruere   67
īnstrūmentum   67
īnsula   112
īnsula   113
integer   120
intellegere   18
intendere   59
inter   177
intercēdere   88
intercēdere   91
interclūdere   164
interdiū   180
interdum   190
intereā   184
interesse   90
interesse   177
interest   29
interficere   167
interim   184
interior   171
interior   173
interīre   99
interīre   177
intermittere   62
interpretārī   38
interrogāre   42
interrogāre   44
intervallum   168
intervallum   180
intimus   171
intrā   171
intrā   173
intrāre   96
intrāre   97
intuērī   17
intus   171
invādere   97
invādere   97
invehī   52
invehī   126
invenīre   42
investīgāre   42
invidēre   23

invidia   23
invidia   24
invidia   143
invidia   143
invītāre   119
invītus   45
invītus   47
iocus   119
ipsa   53
ipse   53
ipsum   53
īra   23
īrāscī   23
īrātus   23
īre   175
is   53
is, quī   54
ista   53
iste   53
istud   53
itaque   36
item   32
item   33
iter   127
iterum   184
iubēre   79
iūcundus   21
iūcundus   21
iūdex   155
iūdicāre   155
iūdicium   154
iugum   114
iungere   27
iūrāre   157
iūs   154
iūs iūrandum   157
iussū   79
iūstitia   156
iūstus   156
iuvāre   72
iuvat   21
iuvenis   100
iuvenis   100
iuventūs   100
iuventūs   100

L
lābī   102
labor   84
labōrāre   84
lacerāre   52
lacessere   74

lacrima   21
lacus   108
laedere   166
laetārī   20
laetitia   20
laetitia   21
laetus   20
laetus   21
lapis   66
largīrī   69
largīrī   71
largus   69
latēre   95
latus   12
lātus   168
lātus   170
laudāre   39
laudāre   41
laus   39
lavāre   15
lavārī   15
lectus   14
lēgātiō   153
lēgātus   153
lēgātus   159
legere   135
legere   135
legiō   159
lēnīre   21
lēnis   111
lēnis   111
leō   106
levāre   193
levis   192
levis   193
lēx   155
libellus   133
libenter   45
libenter   47
liber   133
līber   115
līberālis   121
līberālitās   121
līberālitās   123
līberāre   116
līberī   115
lībertās   116
lībertās   116
lībertus   116
libet   45
libīdō   45
lībum   137
licentia   87

licentia   122
licentia   123
licet   87
līgnum   66
līmes   127
lingua   11
lingua   48
liquidus   107
līs   155
littera   133
litterae *Pl.*   133
lītus   112
loca   168
locāre   130
locāre   168
locus   168
longē   31
longus   168
longus   170
loquī   48
lūcēre   109
lūcifer   109
lucrum   65
lucrum   66
lūctus   20
lūdere   119
lūdus   119
lūdus   134
lūgēre   20
lūmen   109
lūna   110
lupus   106
lūx   109
lūx   180
luxuria   123

M

maerēre   20
maeror   20
maeror   21
maestus   20
maestus   21
magis   194
magister   134
magister   135
magistrātus   149
māgnificus   148
māgnitūdō   188
māgnō cōnstāre   130
māgnopere   194
māgnus   188
māiestās   143

māiōrēs   116
māiōrēs   116
male   39
male   41
mālle (magis)   45
malum   39
malum   41
malus   38
malus   41
mānāre   85
mandāre   78
manēre   85
manus   12
mare   112
mare tranquillum   113
maritimus   112
marītus   117
marītus   118
māter   118
māter   118
māteria   66
mātrimōnium   117
mātūrus   99
maximē   194
mea   53
medicus   105
meditārī   59
medius   170
melior   38
melior   41
membrum   12
meminisse   8
meminisse   10
memor   8
memoria   8
mēns   8
mēnsa   14
mēnsis   181
mentīrī   51
mentīrī   52
mercātor   127
mercēs   127
merēre   148
merērī   148
mergere   108
merīdiēs   180
meritō (*Adv.*)   148
merx   127
mētīrī   192
metuere   26
meum   53
meus   53
mīles   159

mīlitāris   159
mīlitia   159
mīlle   191
minae   52
minimē   194
minuere   71
minuere   71
minus   194
minus   195
mīrārī   40
mīrus   40
miser   23
miseria   23
misericordia   23
mittere   80
mittere   81
mōbilis   122
mōbilis   123
modestia   121
modestus   121
modicus   192
modicus   193
modo   182
modus   192
moenia   124
mōlēs   192
molestus   21
molestus   21
mollis   114
mollis   114
mōmentum   75
monēre   75
mōns   114
mōns   114
mōnstrāre   94
monumentum   76
mora   62
morārī   62
morbus   105
morbus   105
morī   99
morī   100
mors   99
mors   100
mortālis   99
mōs   120
mōs est   87
mōtus   75
movēre   74
mulier   117
multī   189
multitūdō   188
multō   195

multō   195
multum   194
multus   190
mundus   110
mūnīre   124
mūnītiō   124
mūnus   147
mūrus   66
mūtāre   128
mūtuō   128
mūtuus   128

N

nam …   34
nancīscī   64
nārrāre   50
nāscī   100
nāta   118
nāta   118
nātiō   152
nātūra   98
nātus   98
nātus   100
nātus   118
nātus   118
nauta   113
nāvigāre   112
nāvis   112
-ne   43
nē   36
nē … quidem   28
nec   28
nec … nec …   28
necāre   167
necessārius   116
necesse est   88
necessitās   88
nectere   27
nefās   137
nefās   140
negāre   52
neglegere   22
neglegere   24
negōtium   118
negōtium   119
nēmō   188
nepōs   118
neque   28
neque … neque …   28
neque enim …   34
neque vērō   30
nequīre   141

nequīre   143
nervus   10
nescīre   9
nescīre   10
neuter   43
nex   167
niger   109
nihil   188
nīl   188
nimis   194
nimis   195
nimium   194
nimium   195
nimius   194
nisī   37
nītī   85
nix   111
nōbilis   146
nōbilis   148
nōbilitās   146
nocēre   71
nocturnus   181
nōlle   47
nōlle (nōn)   45
nōmen   48
nōmināre   48
nōn   56
nōn iam   184
nōn modo … sed
etiam …   28
nōn sōlum … vērum
etiam …   28
nōndum   184
nōnne   43
nōnnūllī   189
nōs   53
noster   53
nostra   53
nostrum   53
nōtus   18
nōtus   19
novae rēs   145
novem   191
noverca   118
nōvisse   18
novus   182
novus   183
nox   181
nūbere   117
nūbēs   111
nūllus   188
num   43
nūmen   136

numerus   191
numquam   190
nunc   182
nūntiāre   50
nūntius   50
nūper   182
nūptiae   117

O

ob   34
obicere   73
obīre   179
obligāre   88
oblīviō   9
oblīvīscī   8
oblīvīscī   10
obscūrus   95
obsecrāre   52
observāre   80
obses   163
obsidēre   164
obstāre   73
obstringere   88
obtinēre   142
obviam   179
occāsiō   86
occidere   99
occīdere   167
occultāre   94
occultē (Adv.)   95
occultus   95
occupāre   165
occurrere   92
octō   191
oculus   11
ōdisse   22
ōdisse   24
odium   22
odium   24
offendere   92
offere   71
offerre   69
officium   147
ōlim   182
ōmen   138
omittere   63
omittere   63
omnīnō   195
omnis   190
onerāre   192
onus   192
opera   68

opēs   129
opēs (Pl.)   140
opīniō   82
oportet   88
oppidum   123
oppōnere   73
opportūnus   39
opprimere   166
oppūgnāre   162
ops   129
optāre   45
optimātēs   144
optimātēs   146
optimus   38
opus   67
opus est   88
opus est   131
ōra   112
ōrāculum   139
ōrāre   77
ōrātiō   48
ōrātor   48
orbis   110
ōrdō   146
ōrdō equester   146
orīgō   98
orīrī   98
ōrnāmentum   67
ōrnāmentum   133
ōrnāre   67
ōrnāre   133
ōs   11
ostendere   94
ōstium   108
ōtium   118
ōtium   119

P

pācāre   153
paene   56
palam (Adv.)   94
palūs   114
pānis   14
pār   31
parāre   59
parcere   73
parcus   73
parentēs   118
parere   64
parere   66
parere   98
parēre   79

pariter   31
pars   193
parsimōnia   121
partēs   144
particeps   131
particeps   131
partim … partim …   193
parum   194
parum   195
parvō cōnstāre   130
parvus   188
passus   13
pāstor   125
patefacere   93
pater   118
pater   118
patēre   93
patī   85
patientia   85
patrēs   116
patria (terra)   144
patricius   146
patrius   144
patrōnus   147
patrōnus   148
patrōnus   156
paucī   189
paulātim   194
paulō   195
paulō   195
paulum   194
paulum   195
pauper   131
pauper   131
pavor   26
pāx   153
peccāre   65
pectus   12
pecūnia   129
pecūnia   130
pecus   125
pedes   160
peior   41
pēior   38
pellere   103
penātēs   137
pendēre   101
per   179
peragere   58
percipere   17
percutere   103
perdere   65
perdere   66

perdūcere   78
perferre   84
perficere   57
perfidus   147
perfidus   148
pergere   63
pergere   63
perīculum   19
perīculum   83
perīre   99
perīre   100
perītus   19
perītus   19
permanēre   86
permittere   87
permovēre   75
perniciēs   167
perpetuus   183
persequī   165
persōna   134
perspicere   16
persuādēre   75
perterrēre   26
pertinēre   29
pertinēre ad   168
perturbāre   164
pervenīre   96
pervenīre   179
pēs   12
pessimus   39
pestis   105
petere   46
petere   77
philosophia   133
pietās   120
pīlum   161
pingere   132
piscis   106
pius   120
pius   121
placēre   22
placet   61
placidus   111
plānē   52
plānus   114
plānus   114
plēbēius   147
plēbs   147
plēnus   104
plēnus   104
plērīque   189
plērumque   190
plūrimum   194

plūrimum   195
plūs   194
plūs   195
poena   158
poēta   133
pollicērī   51
pondus   192
pōnere   67
pōns   127
pontifex   137
populārēs   144
populārēs   146
populāris   144
populus   144
porta   124
portāre   126
portus   127
poscere   77
positus   67
posse   141
possidēre   130
possidēre   131
post   186
post   187
post … quam   186
posteā   186
posteā   187
posterī   116
posterī   116
posterī   186
posterior   186
posterior   187
posterus   186
postquam   186
postrēmō   184
postrēmus   186
postrēmus   187
postulāre   77
potēns   140
potentia   140
potestās   143
potior   141
potīrī   140
potissimum   141
potius   141
prae   178
praebēre   69
praebēre   71
praeceps   11
praeceptum   80
praecipere   80
praecipitāre   11
praeclārus   40

praeda   163
praedicāre   50
praeesse   79
praeesse   178
praeferre   31
praeficere   79
praemittere   80
praemittere   178
praemittere   179
praemium   70
praepōnere   31
praesēns   181
praesertim (cum)   35
praesidium   163
praestāre   69
praestāre   71
praestat   31
praeter   177
praetereā   28
praeterīre   178
praetermittere   62
praetor   149
prāvus   19
prāvus   19
precārī   77
precēs   77
prehendere   103
premere   166
pretium   128
prīmō   183
prīmum   184
prīmus   185
prīmus   187
prīnceps   142
prīncipātus   142
prīncipium   62
prior   185
prior   187
prīstinus   185
prius   185
prius … quam   185
priusquam   185
prīvāre   70
prīvāre   71
prīvātim   145
prīvātus   145
prīvātus   146
prō   178
prō cōnsule   150
prō praetōre   150
probāre   38
probus   40
probus   41

prōcēdere   178
prōcēdere   179
prōcōnsul   150
procul   172
procul   173
prōdere   145
prōdesse   71
prōdigium   138
prōditiō   145
prōdūcere   79
proelium   162
profānus   138
profānus   140
profectō   52
prōficere   46
proficīscī   97
proficīscī   97
proficīscī   127
prōfugere   165
prōgredī   63
prohibēre   74
prōicere   163
prōlēs   116
prōmittere   51
prōmptus   61
prope   172
prope   173
properāre   85
propinquus   116
propinquus   169
propior   172
prōpōnere   51
prōpraetor   150
proprius   145
proprius   146
propter   34
proptereā   34
prōra   113
prōscrībere   151
prōsequī   90
prōspicere   82
prōtenus   183
prōtinus   183
prōvidēre   82
prōvidēre   83
prōvincia   153
proximus   172
prūdēns   10
prūdēns (prōvidēre)   9
prūdentia   10
pūbēscere   99
pūblicē   145
pūblicus   145

pūblicus   146
pudet   26
pudor   25
pūgna   162
pūgnāre   162
pulcher   40
pulcher   41
pūnīre   158
puppis   113
pūrus   121
putāre   37

Q
quā   173
Quā?   42
quae   54
Quae?   43
quaecumque   55
quaedam   55
quaeque   55
-quaeque   55
quaerere   41
quaestiō   41
quaestor   149
quaevīs   55
quālis ... tālis   33
quam ... tam ...   33
quamobrem?   34
quamquam   35
quamvīs   35
Quandō?   183
quantō   194
quantus   188
quārē   36
quattuor   191
Quemadmodum?   42
querī   52
quī   54
Quī?   42
Quī?   43
quia   34
quicquam   54
quīcumque   55
quid (*nach* sī, nisī, nē, num)   54
Quid?   43
quīdam   55
Quidnam?   43
quidque   55
-quidque   55
quidquid   55
quiēs   119

pūblicus   146
quiēscere   119
quiētus   119
quin   43
Quīn?   43
quīnque   191
quippe   35
quīre   141
quīre   143
quis   54
Quis?   43
Quisnam?   43
quisquam   54
quisque   55
quisquis   55
quīvīs   55
quō   173
quō (= ut eō)   35
quō ... eō   33
quod   34
quod   54
Quod?   43
quodcumque   55
quoddam   55
quodque   55
-quodque   55
quodvīs   55
Quōmodo?   42
quondam   182
quoniam   34
quot   188
quotiēns   190

R
rapere   70
rapere   71
rapidus   108
rapīna   70
rārus   190
ratiō   8
ratiō   34
ratis   113
re(d)-   178
recēdere   96
recēns   182
recēns   183
recipere   165
recitāre   50
rēctē   19
rēctus   19
rēctus   19
recuperāre   160
recūsāre   157

reddere 58
redigere 58
redīre 179
redīre 179
reditus 179
redūcere 165
referre 50
rēfert 50
reficere 119
regere 80
regiō 168
rēgius 141
rēgnāre 141
rēgnum 141
religiō 136
relinquere 90
reliquus 90
remanēre 86
remittere 179
remittere 179
removēre 70
remōvere 71
rēmus 113
repellere 165
repēns 183
repentīnus 183
reperīre 42
repetere 77
reprehendere 39
reprehendere 41
requiēs 119
requiēscere 119
requīrere 42
rērī 37
rēs 129
rēs familiāris 129
rēs gestae 149
rēs pūblica 144
resistere 92
respicere 82
respondēre 42
respondēre 44
restāre 179
restituer 71
restituere 70
retinēre 63
retinēre 63
reus 155
revertī 97
revertī 97
rēx 141
ridēre 21
rīdēre 21

rīpa 108
rōbur 10
rogāre 77
rōstra 151
rota 127
ruere 85
ruīna 166
rumpere 103
rūrsus 184
rūs 124
rūs 125
rūsticus 124

S

sacer 137
sacer 140
sacerdōs 137
sacrāmentum 160
sacrum 137
saeculum 180
saepe 190
saevus 166
salūs 104
salūtāre 50
salvus 105
salvus 105
sānctus 137
sānē 52
sanguis 10
sānus 105
sānus 105
sapere 9
sapiēns 9
sapientia 9
satis 195
saxum 114
saxum 114
scelerātus 157
scelestus 156
scelus 156
scientia 9
scīlicet 36
scindere 67
scīre 9
scīre 10
scrībere 135
scrībere 135
scūtum 161
secāre 103
sēcēdere 97
sēcrētō (Adv.) 95
secundum 178

secundus 64
sēcūrus 82
sed 30
sedēre 100
sēdēs 100
sēdēs 123
sēditiō 145
sēmen 106
sēmi- 193
sēmi- 193
semper 190
senātor 146
senātus 146
senātūs cōnsultum 151
senectūs 100
senectūs 100
senex 100
senex 100
sēnsus 16
sententia 49
sentīre 16
sepelīre 139
septem 191
sepulc(h)rum 139
sequī 90
serere 107
sermō 49
sērus 184
serva 115
serva 116
servāre 73
servīre 115
servitūs 116
servitūs 116
servus 115
servus 116
seu … seu … 31
sevērus 158
sex 191
sī 37
sī 44
sīc … 33
sīcut(ī) 33
sīdereus 110
sīdus 110
sīgnificāre 94
sīgnum 94
sīgnum 160
silentiō praeterīre 52
silentium 49
silentium 52
silva 106
similis 32

similis   33
simul   186
simul(ac)   186
simulācrum   132
simulāre   32
simulatque   186
sīn (autem)   37
sine   91
sine *(Präp. + Abl.)*   91
sinere   87
singulāris   40
singulī   189
sinister   170
sinister   170
sinus   15
sinus   112
sitis   14
situs   168
sīve ... sīve ...   31
societās   144
societās   153
socius   144
socius   144
socius   153
sodālis   147
sōl   110
sōlācium   25
solēre   87
solidus   114
sōlitūdō   21
sollicitāre   74
solum   113
sōlus   193
sōlus   193
solvere   129
somnium   14
somnus   14
sordidus   40
sordidus   41
soror   118
soror   118
sors   139
spargere   90
spatium   168
spatium   180
speciēs   11
spectāre   16
spērāre   25
spērāre   26
spernere   23
spernere   24
spēs   25
spīrāre   13

spīritus   13
sponte *(Abl.)*   45
stāre   100
statim   183
statiō   164
statua   132
statuere   61
status   101
sternere   163
stīpendium   160
struere   66
studēre   46
studium   46
stultus   10
stultus   10
sua   54
suādēre   75
sub   177
sub   177
sub   179
sub iugum mittere   163
subdūcere   79
subicere   153
subigere   153
subīre   177
subitus   183
subsequī   90
subsidium   72
subsidium   163
subvenīre   72
succēdere   72
succumbere   165
succurrere   72
suī *Gen.*   54
sūmere   69
sūmere   71
summa   171
summus   171
sūmptus   69
super   177
super   179
superāre   92
superbia   122
superbus   122
superesse   177
superesse   189
superī   137
superī   140
superior   171
superior   173
supplex   52
supplicium   158
suprā   171

suprā   173
suprēmus   171
surgere   100
suscipere   84
suspicārī   83
suspicārī   81
suspīciō   81
sustentāre   143
sustinēre   84
suum   54
suus   54

R
tabula   132
tacēre   49
tacēre   52
tacitus   49
tamen   35
tandem   184
tangere   102
tantum   195
tantus   188
tardus   85
tardus   86
tēctum   95
tegere   95
tellūs   113
tēlum   161
temere   82
temere   83
temperāre   83
tempestās   111
templum   138
temptāre   60
tempus   180
tendere   102
tenebrae   110
tener   100
tenēre   130
tenēre   131
tentāre   60
tenuis   40
tergum   12
terra   113
terror   26
testis   156
texere   67
textum   67
timēre   26
timidus   26
timor   26
tingere   68

toga 15
tolerāre 84
tollere 70
tollere 71
torquēre 166
tot 188
totiēns 190
tōtus 193
tōtus 193
tractāre 59
trādere 134
trādūcere 126
trahere 126
trāicere 126
tranquillus 112
trāns 177
trānsferre 126
trānsīre 177
trēs 191
tribuere 193
tribūnicia potestās 150
tribūnus mīlitum 159
tribūnus plēbis 150
tribūtum 154
trīstis 20
trīstis 21
triumphus 163
tū 53
tua 53
tuērī 73
tum 183
tum (tunc) 182
tum (tunc) …, cum … 182
tumultus 145
tunica 15
turba 164
turbāre 167
turpis 40
turpis 41
turris 124
tūtus 73
tuum 53
tuus 53
tyrannus (griech.) 141

T
ubī 173
ubī (prīmum) 185
ubicumque 174
ubīque 174
ulcīscī 93
ūlla 55

ūllum 55
ūllus 55
ulterior 172
ultimus 172
ultrā 172
ultrā 173
ultrō 45
umbra 111
umerus 12
umquam 190
ūnā (Adv.) (cum) 90
unda 112
unde 174
undique 174
ūniversum 110
ūniversus 193
ūniversus 193
ūnus 189
ūnus 191
ūnusquisque 55
urbānus 123
urbs 123
urbs 125
ūrere 108
urgēre 83
ūsque 183
ūsuī esse 71
ūsus 87
ut 35
ut 35
ut 37
ut (prīmum) 185
ut … 37
ut … ita 33
ut nōn 37
ut(ī) 47
Uter? 43
uterque 43
ūtī 87
ūtilis 39
utinam 47
utinam nē 47
Utra? 43
utrimque 174
utrum … an 44
Utrum? 43
uxor 117
uxor 118

V
vacāre 104
vacuus 104

vacuus 104
vadum 108
valdē 195
valens 104
valēre 104
valēre 141
valetūdō 105
valētūdō 104
validus 104
validus 105
vallis 114
vallis 114
vallum 161
varius 110
vāstāre 167
vāstus 167
vātēs 139
-ve 30
vehemēns 111
vehemēns 111
vehere 126
vehī 126
vel 30
velle 45
velle 47
vēlum 113
velut (sī), quasi, tamquam
(sī) 33
velut(ī) 33
vēndere 128
vēndere 130
venēnum 105
venia 65
venīre 96
vēnīre 128
ventus 111
vēr 181
verberāre 166
verbum 48
vērē 19
verērī 25
vēritās 19
vērō 19
versārī 169
vertere 102
vērum 30
vērum dicere 51
vērum dicere 52
vērus 19
vērus 19
vesper 180
vester 53
vestīgium 42

vestis   15
vestra   53
vestrum   53
vetāre   142
vetus   182
vetus   183
vexāre   166
via   127
vīcīnus   125
victor   163
victōria   163
vīctus   13
vīcus   125
vidēre   16
vidērī   16
vidētur   61
vigilāre   163
vigilia   164
vigilia   181
vīgintī   191
vīlla   125

vincere   163
vincīre   158
vinclum   158
vinculum   158
vindex   155
vindicāre   155
vīnea   161
vīnum   14
violāre   166
vir   117
vir   118
vīres *(Pl.)*   140
virgō   117
virtūs   120
virtūs   123
vīs   10
vīs   140
vīs   166
vīsere   16
vīta   13
vītare   47

vītāre   47
vitium   122
vitium   123
vīvere   13
vīvus   13
vix   195
vocāre   48
volāre   102
voluntās   45
voluptās   20
volvere   102
vōs   53
vōtum   138
vovēre   138
vōx   48
vulgō *(Adv.)*   94
vulgus   144
vulnerāre   105
vulnerātus   105
vulnus   105
vultus   11